Bernhard Pollm

Wanderungen in der Bretagne

40 Touren in einer der ursprünglichsten Kultur- und Naturlandschaften Europas

Bruckmann

Inhaltsverzeichnis

Tourenübersicht

Eine Produktion des
Bruckmann-Teams, München

Umschlaggestaltung:
Woody Müller
Layoutentwurf und -realisation:
Alexandra Markowsky

Kartenskizzen:
Annelie Nau
Übersichtskarte:
Heidi Schmalfuß

Alle Abbildungen:
Bernhad Pollmann

Innentitel:
Bei auflaufendem Wasser sind Küstenwanderungen am schönsten. Doch mit der See ist nicht zu spaßen, deshalb ist das Baden nur an den dafür gekennzeichneten Strandabschnitten erlaubt (Tour 8).

Gedruckt auf chlorfrei gebleichtem Papier

Durchgesehene
Sonderausgabe 2000

Printed in Italy by Printer Trento s.r.l.
ISBN 3-7654-3584-8

Vorwort

Die Bretagne ist eine der archaischsten Kultur-Natur-Landschaften Europas. Sie ist ein frommes und traditionsstolzes Land, und nahezu alle Wanderungen bieten neben reichem Naturerleben ungewöhnliche Begegnungen mit den Zeugen der Frömmigkeit, die dieses Land hervorgebracht hat. Diese Zeugnisse stehen inmitten der Natur und erregen Staunen, aus welcher Zeit auch immer sie stammen: mehrtausendjährige Megalithtempel, Menhire, Dolmen und Steinkreise, druidische »Altäre«, Schalenfelsen und Heilquellen, christliche Wallfahrtskapellen, Kalvarien und Kathedralen.

Obwohl sich die Küsten der Bretagne nur bis zu 70 Meter hoch aufschwingen, sind Küstenwanderungen ein stetes Auf und Ab, weshalb eine gute Kondition von Vorteil ist. Das Miteinander von Seeluft, Sonne und kräftigen Winden macht Küsten- und Inselwanderungen zu natürlichen Heilwanderungen: Die schadstoffarme und so gut wie pollenfreie, jodhaltige Seeluft wirkt wie eine Sole-Inhalation.

Ebenso wie das Tosen der See, die alpin aufragenden Steilküsten, die Sonneninseln und Sandstrandbuchten, die malerischen Fischerdörfer und Altstädte bilden die Megalithen, Kirchen und Sagen einen wesentlichen Bestandteil der Wander-Bretagne, machen jedoch das Wandern zu einer ständigen Begegnung mit Mythen und Symbolen, die in fernste Zeiten des vorgeschichtlichen Europa zurückreichen. Schon die Gewalt und Schönheit der Natur läßt Wanderungen in der Bretagne zu unvergeßlichen Erlebnissen werden, doch das außergewöhnliche Miteinander von Natur, Kultur und Mythos schafft ein Erleben, das weit über »normales« Wandern hinausgeht.

Dieses Miteinander kann als spannend empfunden werden, denn es führt inmitten einer reichen Natur

Die in die See hineinstoßenden Felszungen bilden immer wieder hervorragende Plätze für eine aussichtsreiche, sonnige Rast, wie hier auf der Halbinsel von Quiberon.

zurück zu den Quellen unserer eigenen Kultur: Der Süden Deutschlands, die Schweiz, Böhmen und Österreich waren einst keltisches Land wie die Bretagne, die Megalithen im deutschen Norden und Westen zeugen davon, daß auch bei uns die Megalithkultur heimisch war – nur, in den Schulen wird kaum etwas darüber gesagt. Wir kennen die Mythen der Römer und Griechen, im Religionsunterricht wird gelernt, wie jüdische Patriarchen vor Tausenden von Jahren ins »Heilige Land« zogen und welche Abenteuer sie dabei bestanden, aber wie die Menschen bei uns lebten und liebten, welche Schönheit sie sahen, ob sie im Einklang mit ihrem Land lebten und ob sie dieses Land mit seinen Quellen und Wäldern, seinen Küsten, Bergen und fruchtbaren Tälern als »heiliges Land« betrachteten – darüber ist nichts zu erfahren.

In der Schönheit der Bretagne tauchen solche Fragen immer wieder auf, und ein wenig von diesen alten, sagenumwobenen Dingen ist in diesen Führer eingeflossen. Wanderungen in der Bretagne sind Wanderungen zu den Quellen – zu den Wurzeln des alten Europa, zu seinen Mythen, seinem Zauber. Grundvoraussetzung für das Erleben dieses Zaubers ist bei allen Wanderungen die Achtung vor der Natur.

Bernhard Pollmann

Durch den Stechpalmenwald von Fougères

3 Std. Anstiege 150 Hm. 11 km.

Tourencharakter: *Bequeme Waldwanderung auf Pfaden und Wegen.*
Beste Jahreszeit: *Ganzjährig, auch bei Schneelage.*

Carrefour de Chiennedet – Cordon des Druides – Plage de la Maison Neuve – Pierre Courcoulée – Carrefour de Chiennedet

Vom **Parkplatz östlich der D 177** zweigt ein Pfad ab, ausgeschildert »Promenade de la Longue Noë«. Markiert mit violettem Rechteck, zieht er durch den Buchenwald und passiert den jungsteinzeitlichen Dolmenrest *Pierre du Trésor* (Schatzstein), der in einer kreisrunden Vertiefung liegt. Augenscheinlich handelt es sich um ein Denkmal der Megalithkultur, allerdings ist sich die Wissenschaft nicht sicher, aus welcher Zeit genau es stammt und wozu es gedient haben könnte. Der Name geht auf Sagen zurück, die von Schätzen unter der mächtigen Dol-

KURZINFO

Ausgangsort: Fougères (Ille-et-Vilaine).

Anfahrt/Ausgangspunkt: Bushaltestelle und Parkplätze am Carrefour de Chiennedet, 4 km nordöstlich von Fougères an der D 177 Richtung Saint-Hilaire.

Einkehr unterwegs: Keine; zahlreiche Möglichkeiten in Fougères.

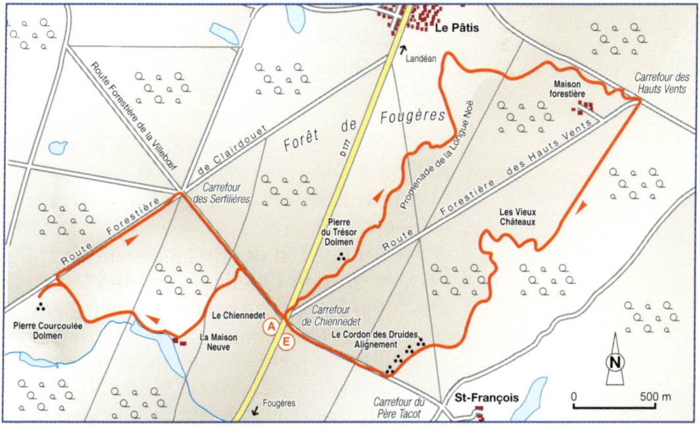

Das Alignement im Wald von Fougères trägt zwar den keltischen Namen Cordon des Druides (Band der Druiden), gesetzt wurden die Steine jedoch im Megalithikum, Jahrtausende vor der Ankunft der Kelten. Das Alignement verläuft wie alle Steinalleen nicht linear, sondern leicht schlangenlinienförmig. Das Bild zeigt das sonnenuntergangsseitige Ende der Steinallee.

menplatte berichten. Bei einem der zahlreichen Plünderungszüge der Engländer im 13. Jahrhundert soll Raoul II. von Fougères dieses Steinmonument errichtet haben, um seine Schätze darunter zu verstecken.

Je mehr sich der Pfad von der Straße entfernt, desto prachtvoller wird der Wald. Mehr und mehr besiedeln Farne den feuchten, gras- und krautreichen Waldboden, Efeu umrankt die alten, bemoosten Buchen, in deren Schatten Tausende von Stechpalmen horsten. Nach den Farnen (französisch fougères) trägt auch die Stadt Fougères ihren Namen.

Schließlich folgt der Pfad einem Bachtal abwärts, wendet sich vor den Wiesen des Dorfs **Landéan** rechts, umgeht ein Forsthaus und trifft auf eine Wegeverzweigung. Hier wechselt die Markierung violettes Rechteck auf einen schnurgeraden Weg, der bald darauf in sonniges Jungholzgelände eintritt. Dort zweigt der mit blauem Rechteck markierte Rundwanderweg »Circuit des Vieux Châteaux« rechts auf einen schmalen Pfad ab, der nach einer Weile wieder in den Buchen-Stechpalmen-Farn-Wald eintaucht und dann das **Alignement le Cordon des Druides** (Band der Druiden) erreicht. Es handelt sich um eine nach Nordosten ausgerichtete, schlangenförmig gewundene Steinallee aus etwa 50 Quarzblöcken.

Wenn der Pfad auf die Forststraße trifft,

folgen wir ihr rechts in wenigen Minuten zum Parkplatz zurück, queren die Départementstraße, gehen geradeaus und zweigen dann links zur **Plage de la Maison Neuve** ab: An einem Weiher im Wald lädt ein vielbesuchtes Picknick- und Freizeitgelände zur Rast. Diesseits des Teichs führt der Pfad weiter und erreicht den **Galeriedolmen Pierre Courcoulée** an einer Forststraße. Auf dieser geht es nach rechts, an der ersten Forstwegekreuzung halb rechts, und schon ist der Ausgangspunkt, der **Parkplatz an der D 177**, wieder erreicht.

Sehens- und Wissenswertes: Die ostbretonische Stadt Fougères besitzt eine der bedeutendsten mittelalterlichen Festungen Frankreichs und einen sehenswerten Altstadtkern.

Auskunft: Office de Tourisme, Place Aristide Briand, 35300 Fougères, Tel. (2) 99 94 12 20, Fax (2) 99 99 42 41.

Karte: ign série bleue 1:25 000, Blatt 1317 est Fougères.

2 Von Vivianes See zu Merlins Grab

Knapp 4 Std. Anstiege 200 Hm. 15 km.

Tourencharakter: *Waldwanderung auf bequemen Pfaden und Wegen.*
Beste Jahreszeit: *Ganzjährig; Park und See von Schloß Comper sind von Ostern bis Ende September mittwochs bis montags von 10 –19 Uhr zugänglich.*

Château Comper – Etang de Comper – Etang du Pont Dom Jean – Tombeau de Merlin – Fontaine de Jouvence – Château Comper

Im See vor Château Comper steht das kristallene Schloß der Fee Viviane – wie die Sage weiß.

Das einsam am See gelegene **Château Comper** gehörte im Mittelalter dem mächtigen Adelsgeschlecht der Montfort-Laval, doch erinnern an diese Zeit nur zwei Ringmauern, ein Turm und ein Ausfalltor, während die Wohngebäude überwiegend aus dem 19. Jahrhundert datieren. Dem Publikumsverkehr geöffnet sind im Schloß die Räume des *Centre de l'Imaginaire Arthurien* (Zentrum des Arthurischen Imaginären): Eine Ausstellung informiert über die Geschichte des Waldes von Brocéliande.

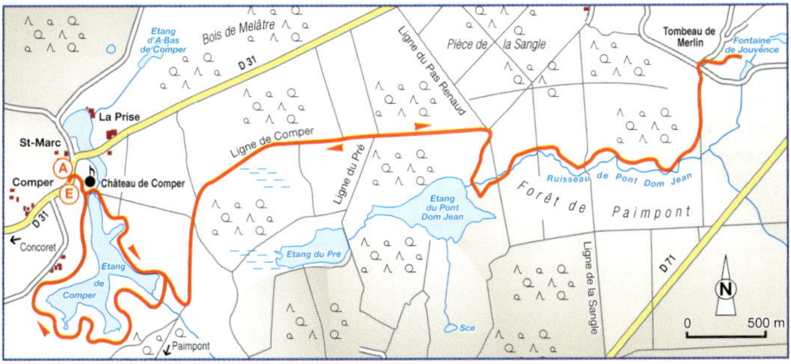

Der große, ruhige **Etang de Comper** südlich des Schlosses wird als Angelparadies genutzt, Baden und Motorensport sind nicht erlaubt. Wir gehen auf der linken (östlichen) Seite des Sees entlang, teils auf Wegen, zuletzt auf einem Waldpfad, der schließlich eine Kreuzung erreicht. Wer hier rechts abzweigt, umrundet weiter den See, während wir geradeaus halten, nach wenigen Minuten einen Zaun passieren und nun auf dem Weitwanderweg stehen, der von Paimpont zu Merlins Grab (links) führt.

In paradiesischer Stille zieht der gelb-rot markierte, grasige Weg durch den Wald und stößt nach einer guten Stunde auf den **Etang du Pont Dom Jean**, einen großen Teich, dessen von alten Eichen bestandenes Ufer einen ausgezeichneten Rastplatz bildet. Hinter dem Teich zweigt der gelb-rot markierte Weitwanderweg links (!) auf einen Pfad ab und pirscht weiter durch den gras- und krautreichen Laubwald, ehe nach einer weiteren ½ Stunde der Parkplatz bei Merlins Grab erreicht ist. Wir queren die kleine Straße und halten halb rechts auf eine alte Eiche zu: Dort ist **Le Tombeau de Merlin**, **Merlins Grab**. Die zwei Steine, aus denen das »Grab« besteht, sind Reste eines Dolmen aus der Zeit um 3000 v. Chr. Zwischen den beiden Steinen, die als Symbole für

KURZINFO

Ausgangsort: Saint-Méen-le-Grand (Ille-et-Vilaine).

Anfahrt/Ausgangspunkt: In Saint-Méen auf der D 166 Richtung Vannes fahren, bei Gael auf die D 773 Richtung Concoret und zuletzt Richtung Château Comper abbiegen. Ausgangspunkt ist der Parkplatz vor dem Château Comper.

Einkehren unterwegs: Keine Möglichkeit außer einem Speiseeisstand im Château Comper.

Sehens- und Wissenswertes: Das Städtchen Saint-Méen-le-Grand wurde im 6. Jahrhundert vom heiligen Méen gegründet, dessen Grab sich auf dem Friedhof des ehemaligen Klosters (13.–18. Jh.) befindet.

Auskunft: Comité départemental du Tourisme, 1 rue Martenot, 35000 Rennes, Tel. (2) 99 02 97 43.

Karten: ign série bleue 1:25 000, Blatt 1018 est St-Méen und Blatt 1118 ouest Montauban.

In den Ritzen von Merlins Grab stecken Wunschzettel. Auch die aus Gräsern, Haaren und Ginsterzweigen geflochtenen Kränze symbolisieren Wünsche, die der Zauberer in Erfüllung gehen lassen soll.

Merlin und Viviane gedeutet werden, wächst eine Stechpalme.

In einer Entfernung von etwa 2 Minuten von Merlins Grab fault die **Fontaine de Jouvence** (Jungbrunnen). Da sich die Quelle, deren Wasser verjüngen soll, am Rand eines Militärgeländes befindet, ist sie verseucht, und die vielen, die hierher kommen, um einen Verjüngungsschluck zu tun oder das Wasser in Flaschen abzufüllen, wenden sich angeekelt ab.

In früheren Jahrhunderten wurden hier die im Verlauf eines Jahres geborenen Kinder in der Mittsommernacht registriert: Der Pfarrer wusch die Neugeborenen mit dem klaren Wasser aus der Quelle, danach wurden sie von einem weltlichen Beamten in das »marith« (Register) eingetragen. Damit die Säuglinge nicht unterkühlten, brannten viele Feuer, an denen es die Kinder warm hatten. Die Zeremonie war mit einem großen Fest verbunden.

Nach der Rast an Merlins Grab und am einstigen Jungbrunnen tauchen wir wieder ein in die Stille der Wälder und wandern zurück zum Etang du Pont Dom Jean und zum **See am Schloß von Comper**.

Die Zauberquelle von Barenton

1 Std. Anstiege 100 Hm. 4 km.

Tourencharakter: *Waldspaziergang auf bequemen Pfaden und Wegen.*
Beste Jahreszeit: *Frühjahr bis Herbst.*

La Folle Pensée – Fontaine de Barenton – Le Camp du Tournoi – La Folle Pensée

Am oberen Rand des Parkplatzes vor dem Dorf **La Folle Pensée** weist ein Holzschild auf einen bequemen Waldweg. Wenn der Weg nach wenigen Minuten endet, zweigt rechts ein breiter Pfad ab, verläuft durch Buschwerk und Gehölze und trifft wiederum auf einen Weg. Der Weg (links) durchschreitet die sanfte Talsenke, durch die das Wasser aus der Quelle von Barenton abfließt, gleich darauf zweigt rechts ein deutlicher Waldpfad zur **Fontaine de Barenton** ab.

KURZINFO

Ausgangsort: Paimpont (Ille-et-Vilaine).

Anfahrt/Ausgangspunkt: Am südlichen Ortsausgang von Paimpont auf die D 40 Richtung Ploërmel fahren und wenig später rechts abbiegen, der Beschilderung »Fontaine de Barenton« folgend. Ausgangspunkt ist der Parkplatz am Rand des Dorfs La Folle Pensée.

Wer nicht zauberkundig ist, darf das brodelnde Wasser der Quelle nicht auf den Perron gießen, sonst könnten sich – wie Chrétien de Troyes ausführlich schildert – gefährliche Dinge ereignen. Einer von jenen, die zauberten, ohne daß sie wußten, was sie taten, war der Artusritter Kalogrenant. Die Route, die Kalogrenant wählte, nachdem er versehentlich den Gewitterzauber aus-

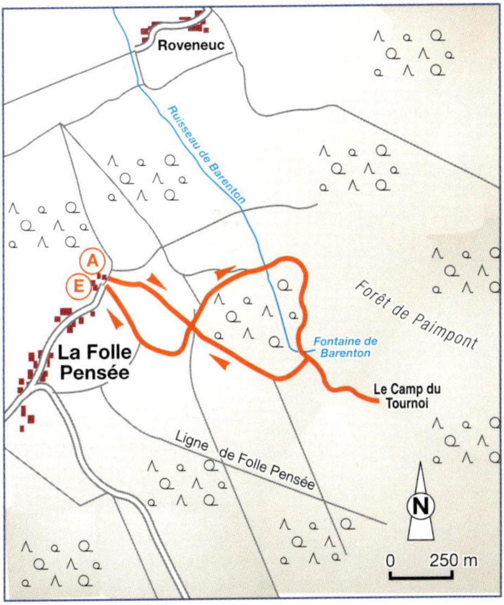

Das Dorf Paimpont mit der im 7. Jahrhundert an einem Waldsee gegründeten Abtei ist der Ausgangsort für die Wanderung zur Quelle von Barenton.

Einkehr unterwegs: Keine Möglichkeit, lediglich in Paimpont.

Sehens- und Wissenswertes: Der kleine Ort Paimpont, ruhig im Wald von Brocéliande an den Ufern eines großen Teichs gelegen, entstand bei einem um 630 gegründeten Kloster, das während der Französischen Revolution aufgehoben wurde. Sehenswert ist der stimmungsvolle alte Klosterbereich, heute mit Cafés, Restaurants und Geschäften. Die ehemalige Abteikirche von Paimpont (13. Jh., im 17. Jh. barockisiert) und der Kirchenschatz können im Rahmen einer Führung besichtigt werden: Juli bis 31. August 10–12 Uhr und 15–18.30 Uhr; in den anderen Monaten gibt der Pfarrer Auskunft: Tel. (2) 99 07 81 07.

gelöst hatte, ist bekannt: Mit dem Rücken zur Quelle stehend, geht es geradeaus und auf einem von Farnen überwucherten Pfad bergan zur Höhe **Le Camp du Tournoi** (der Turnierplatz). Hier sollen die Kämpfe stattgefunden haben, die Kalogrenant und Yvain mit Laudines Quellwächter-Mann ausfechten mußten, hier soll Yvain als dessen Nachfolger den Artusritter Keu besiegt haben. Le Camp du Tournoi soll nicht nur Kampfstätte gewesen sein, hier soll auch Merlins Grab liegen: Der Steinkreis, in dem der von Viviane verzauberte weise Mann schläft, ist allerdings »verschwunden«. Wer im Frühjahr dem Farnpfad folgt, hört das Murmeln der Bäche, die unterirdisch fließen, ehe sie sich sammeln und an der Quelle von Barenton zutage treten.

Vom Camp du Tournoi geht es auf demselben Pfad zurück zur Quelle. Wer die Wanderung nachmittags angetreten hat, erreicht die Quelle nun möglicherweise am Abend, wenn die meisten Ausflügler fort sind. Wer die Quelle öfter aufgesucht hat, weiß die ruhigen Abende an ihr zu schätzen. Kaum jemand von denen, die sich abends an der Quelle niederlassen, spricht; Eltern und Kinder nähern sich der Quelle flüsternd, lauschen schweigend dem sanften Brodeln des Wassers. Dank ihrer Westlage empfängt sie bis spätabends Sonnenlicht.

Wenn die Dämmerung, die Zeit der Feen, vorüber ist und sich die Nacht über den Wald von Brocéliande senkt, ist es angeraten, den Rückweg anzutreten: Geradeaus, am nächsten Weg rechts hinab, unten geradeaus auf dem Pfad und auf dem ersten Weg links zurück zum Parkplatz vor dem Dorf **La Folle Pensée**.

Auskunft: Comité départemental du Tourisme, 1 rue Martenot, 35000 Rennes, Tel. (2) 99 02 97 43.

Karte: ign série bleue 1:25 000, Blatt 1019 est Paimpont.

Sommernachmittag an der Quelle von Barenton. Die »Sitzgelegenheit« unter der alten Eiche neben der Quelle ist der Perron, auf dem der Regen- und Gewitterzauber ausgelöst werden kann.

4 Val sans Retour – Tal ohne Wiederkehr

Gut 2 Std. Anstiege 100 Hm. km 8 km.

Tourencharakter: *Bequeme Tal– und aussichtsreiche Höhenwanderung.*
Beste Jahreszeit: *Ganzjährig, außer bei Schneelage.*

Tréhorenteuc – Miroir aux Fées – Val sans Retour – Maison de Viviane – Tréhorenteuc

Beim Feenspiegelteich im Val sans Retour steht das mit Blattgold überzogene Kunstwerk L'Arbre d'Or (der Goldene Baum). Die Geweihsymbolik spielt auf den keltischen »Hirsch« an, das Gold steht für den Baum des Lebens, die rußschwarz gestaltete Umgebung soll die Gefährdung der Natur durch den Menschen versinnbildlichen.

Vom Parkplatz am Ortsrand von **Tréhorenteuc** zieht ein mit gelber Scheibe und rotweißem Strich markierter Weg sacht aufwärts, überschreitet aussichtsreich eine Anhöhe und biegt nach rechts. Wenn der Weg gleich darauf links schwingt, geht es ohne Ausschilderung geradeaus auf einen dunklen, markanten Felsen zu, der sich – obwohl die Wanderung gerade erst begonnen hat – gut für eine Rast eignet. Er bietet einen schönen Blick auf den Teich Miroir aux Fées

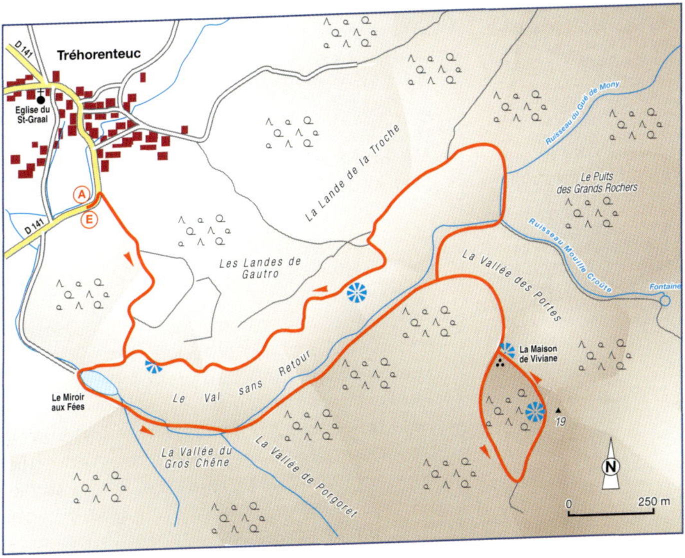

(Feenspiegel) auf dem Grund des Val sans Retour sowie auf den dahinter aufragenden *Rocher des Faux Amants* (Fels der Falschen Liebhaber).

Morgane le Fay hauste 13 Jahre lang in diesem Tal, und sobald ein Mann, der seine Frau betrogen hatte, das Tal betrat, zauberte sie ihn in den Fels der Falschen Liebhaber. Den falschen Liebhabern soll es gut ergangen sein in der Gefangenschaft von Morgane. Sie hatten alles, was man sich an Gütern und Vergnügungen fatamorganamäßig vorstellen kann – nur eins hatten sie nicht: die Freiheit. Lancelot du Lac soll die falschen Liebhaber schließlich befreit haben.

Vom schwarzen Aussichtsfelsen führt ein Pfad passagenweise recht steil hinab zum Teich **Miroir aux Fées**. Neben dem Ausfluß des Teichs steht die Skulptur *L'Arbre d'Or* (Goldener Baum). Das mit Blattgold überzogene Kunstwerk des Bildhauers François

KURZINFO

Ausgangsort: Ploërmel (Morbihan).

Anfahrt/Ausgangspunkt: Das Dorf Tréhorenteuc liegt 12 Kilometer nordöstlich von Ploërmel an der kleinen Straße D 141. Man stellt das Auto nicht auf dem Parkplatz am Ausgang des Val sans Retour ab, sondern – von Ploërmel kommend – am zweiten Parkplatz, der direkt neben dem Dorf liegt.

Einkehr unterwegs: Keine Möglichkeit, außer in Tréhorenteuc.

4

Sehens- und Wissenswertes: Die kleine Stadt Ploërmel, einstige Residenz der Herzöge der Bretagne, liegt in landwirtschaftlich geprägter Umgebung südwestlich des Waldes von Brocéliande. Benannt ist sie nach dem heiligen Armel (Plou Armel), der die Stadt im 6. Jahrhundert gründete, nachdem er einen Drachen besiegt hatte. Die Legende ist in der Kirche Saint-Armel (16. Jh.) dargestellt. Sehenswert sind auch die alten Häuser im Stadtzentrum, darunter das Maison des Marmousets (16. Jh.) mit bemerkenswerten Holzschnitzereien.
Die Eglise du Saint-Graal in Tréhorenteuc hat geöffnet vom 1. Märzsonntag bis Ostern 14–18 Uhr, von Ostern bis Allerheiligen 11–19 Uhr und von Allerheiligen bis 1. Dezember 14–18 Uhr; Tel. (2) 97 93 05 12.

Auskunft: Office de Tourisme, Place Lamenais, 56800 Ploërmel, Tel. (2) 97 74 02 70.

Karte: ign série bleue 1:25 000, Blatt 1019 est Paimpont.

Davin, 1991 aufgestellt, will als »der goldene Baum des Lebens« verstanden werden. Der Goldene Baum ist umgeben von fünf (die Zahl 5 steht in der keltischen Mythologie ebenso wie die 3 für »Ganzheit«) rußschwarzen Bäumen, die den Tod der Natur symbolisieren, falls sich die Menschen ihr gegenüber versündigen. Die Krone des Goldenen Baums hat die Form eines Hirschgeweihs, das den Kreislauf von Werden, Vergehen und Wiederwerden symbolisiert: Im Februar, spätestens im April jedes Jahres, werfen starke Hirsche ihr Geweih ab, ersetzen es bis Ende Juli und werfen es im nächsten Februar erneut ab.

Vom Feenspiegel-Teich führt ein rot-weiß markierter Pfad im Talgrund aufwärts. Während die Hänge überwiegend entwaldet sind, ist die Natur im Talgrund weitgehend intakt. Zwischen Farnen, Eichen und Buchen – viele von ihnen efeuumrankt –, zwischen Hainbuchen, Birken, Stechpalmen und Brombeergestrüpp zieht der Pfad neben dem Bach aufwärts, passiert einen kleinen Stauweiher und erreicht schließlich bei einer Übersichtstafel eine Gabelung. Hier geht es auf dem hangaufwärts führenden Pfad weiter.

Rot-weiß markiert, steigt der Pfad zunächst in üppigem Wald aufwärts, tritt dann in ausgedehnte Ginsterbestände und trifft zuletzt auf einen Weg: Links, der Beschilderung folgend, auf einem Pfad kurz durch ein Gehölz, und wir sind auf der **Felshöhe P 191**, die eine hervorragende Aussicht auf das Tal ohne Wiederkehr sowie weit hinaus in das abwechslungsreiche Binnenland der Bretagne gewährt.

Nach Überschreiten der Felshöhe ist der jungsteinzeitliche Galeriedolmen **Maison de Viviane** (Vivianes Haus) erreicht. Er wurde in der Zeit um 3500 v. Chr. errichtet und ist von einem Steinkreis umgeben. Von diesem sehr schönen Rastort läßt sich nahezu der gesamte Wald von Brocéliande überblicken.

Von Vivianes Haus zieht der Pfad wieder hinab ins Tal, unten geht es aufwärts, bis ein Weg kreuzt. Auf ihm leitet die Markierung gelbe Scheibe links hinauf, wo uns oben ein breiter Forstweg empfängt, der links (!) nach Tréhorenteuc zurückführt. Bald (nach etwa 10 Minuten) zweigt vom Weg links ein Pfad ab. Er verläuft zur felsigen Abbruchkante hoch über dem Val sans Retour und leitet mit prachtvoller Aussicht zurück zum schwarzen Felsen über dem **Feenspiegel-Teich**.

Dort geht es auf der bekannten Route zurück ins Dorf **Tréhorenteuc**, wo unter anderem das »Café Morgane« zu gemütlicher Rast lädt.

Vom schwarzen Felsen, den helle Quarzadern durchziehen, fällt der Blick auf den Teich Miroir aux Fées (Feenspiegel) im Val sans Retour, dem Tal ohne Wiederkehr.

5 Die Heide der Menhire von Saint-Just

Gut 2 Std. Anstiege 100 Hm. 8 km.

Tourencharakter: *Bequeme, aussichtsreiche Höhenwanderung durch Heidelandschaft*

Beste Jahreszeit: *Zeit der Seerosenblüte (Mittsommer bis Juli); von Juli bis September finden sonntags Führungen durch die Heide von Cojoux statt.*

Saint-Just – Lande de Cojoux – Etang du Val – Lande de Cojoux – Saint-Just

KURZINFO

Ausgangsort: Redon (Grenzbereich der Départements Ille-et-Vilaine, Morbihan, Pays).

Anfahrt/Ausgangspunkt: Saint-Just ist am raschesten über die Straße Rennes – Redon – Saint-Nazaire zu erreichen: südlich von Pipriac abzweigen und der Beschilderung nach Saint-Just folgen. Ausgangspunkt ist die Dorfkirche in Saint-Just.

Einkehr unterwegs: In Saint-Just.

Auskunft: Office de Tourisme, Place de la République, 35600 Redon, Tel. (2) 99 71 06 04, Fax (2) 99 71 01 59.

Aus der Kirche von **Saint-Just** tretend, geht es geradeaus hinab zur Straße, vor dem Café rechts und an der Verzweigung geradeaus auf einer kleinen Straße, dem Schild »Site mégalithique« folgend. Nach Passieren der Sportplätze zweigt rechts ein Weg ab; am ersten wenden wir uns links, und dort stehen zwischen Ginster- und Wacholdersträuchern die ersten Megalithen: **L'Alignement du Moulin** (die Steinallee der Mühle), so genannt nach der alten Mühle, die oberhalb in Sicht ist (Privatbesitz, nicht betretbar).

Die zweireihige Steinallee hat West-Ost-Ausrichtung. Entlang der südlichen steht etwa ein Dutzend schlanker, unterschiedlich hoher Langsteine aus hellem Quarz und dunklem Schiefer. Rund 20 massige Quarzblöcke, von denen einige menhirartig

aufragen, bilden die Nordreihe. Die Anlage datiert aus dem späten Neolithikum (um 2500 v. Chr.), in der Bronzezeit wurde ein Grab hinzugefügt.

Am Ende des Alignement zweigt die Hufeisen-Markierung auf einen aussichtsreichen Weg zwischen Wacholderbeständen ab und erreicht wenig später eine Ansammlung von Quarzblöcken. Sie werden **Les Demoiselles de Saint-Just** (die Fräuleins von Saint-Just) genannt. Die Hufeisen-Markierung leitet weiter zwischen Wacholder- und Ginsterbüschen und zweigt bei erster Gelegenheit rechts hinauf ab. Der von zum Teil bizarr verwitterten Schieferfelsen durchbrochene Bergrücken bietet eine phantastische Aussicht und ist einer der stimmungsvollsten Rastplätze auf dieser Wanderung.

Nach Überschreiten des Bergrückens wenden wir uns am ersten kreuzenden Weg links, bald zwischen Feldern, denen links ein eingezäunter Tumulus (Grabhügel) mit

Das Alignement du Moulin bei der alten Mühle von Saint-Just ist eine zweireihige Steinallee aus spitzigen Quarz- und Schiefermenhiren sowie – hinter den Büschen – niedrigen Quarzblöcken.

Karten: ign série bleue 1:25 000, Blatt 1120 est Pipriac und Blatt 1120 ouest la Gacilly.

einer Menhir-Gruppe entragt: **Le Château-Bu**, »das Schloß der Kuh«. Um 3500 v. Chr. wurde hier ein Dolmen errichtet, den man zwischen 1800 und 1500 v. Chr. mit Erde überhügelt hat; auf diese Weise entstand der Tumulus. Er wird überragt von acht aufrecht stehenden Menhiren, der neunte und größte liegt auf der Erde. Auf dem »Schloß der Kuh« sollen die Heiden jedes Jahr ein Mädchen geopfert haben, erzählt die Legende, und jedes Mal soll ein neuer Altar für diese Zeremonie aufgestellt worden sein. Die Archäologie hat diese Phantasien nicht bestätigt.

Diese Le Tribunal (Das Gericht) genannte Steinsetzung soll im Megalithikum der Beobachtung von Mond, Sonne und Sternen gedient haben. Die Menschen des Megalithikums besaßen das Know-how und die Kraft, gigantische Felsblöcke über Dutzende von Meilen hinweg zu Wasser, zu Lande und auf See zu transportieren und dann zentimeter- bzw. millimetergenau zu plazieren.

Wir folgen weiter dem aussichtsreichen Weg und erreichen **La Croix Saint-Pierre**, ein Ensemble mehrerer Dolmen, Tumuli usw. Am eindrucksvollsten ist die *Tribunal* (Gericht) genannte megalithische Anlage zur Beobachtung von Sonne, Mond und Sternen.

Bald darauf kommt der Weg zu dem von Schatzgräbern zerstörten jungsteinzeitlichen Dolmenrest **Le Four Sarrazin**, der um 2000 v. Chr. errichtet wurde. Die Felshöhe dahinter bildet einen schönen Rastplatz mit weitem Blick über das Land.

Wenige Minuten später endet der Weg an den lotrecht zum **Etang du Val** abstürzenden, aussichtsreichen Granitklippen, die als offizielles Klettergelände ausgewiesen sind. Ein teilweise steiler Weg, später Pfad führt halb rechts (nordwestwärts) hinab. Unten gibt der Uferpfad am Fuß der Kletterfelsen die Route vor, und hier findet sich so mancher lauschige Rastplatz unter alten, knorrigen Laubbäumen. Auf dem Teich, dessen Grund stark vermoort, schaukeln Seerosen, Frösche fangen Fliegen, am Ufer wächst

Schilf, Kröten läuten, Libellen schwirren über das Wasser hin – eine Idylle voller Leben.

Wir schreiten am Ufer des Sees entlang, passieren eine Landzunge, stoßen in eine Bucht vor und zweigen hier wieder bergwärts ab: Der Pfad, später Weg, führt zurück zur **Croix Saint-Pierre**. Dort gehen wir geradeaus, biegen aber kurz vor dem »Schloß der Kuh« rechts auf einen Pfad ab. Er kurvt bald links, erweitert sich zum Weg und erreicht die eindrucksvollen **Demoiselles Piquées**, drei Quarz-Menhire. Das mit mehr als 3 Metern Höhe größte der »drei Fräuleins« liegt im Gras, die beiden anderen – 2,90 und 3 Meter hoch – stehen aufrecht. Vermutlich handelt es sich um die Reste eines Alignement (Steinallee).

Kurz nach Passieren der Demoiselles Piquées ist der bekannte Weg wieder erreicht, der uns zum Ausgangspunkt in **Saint-Just** zurückbringt.

Die Felswände über dem Etang du Val sind ein beliebtes Kletterrevier.

6 Durch die Moore der Grande Brière

Knapp 5 Std. | Anstiege 100 Hm. | 18 km.

Tourencharakter: *Bequeme, aussichtsreiche Wanderung am Rand des Moors.*
Beste Jahreszeit: *Frühjahr bis Herbst.*

Bréca – La Chaussée Neuve – Bréca

Sommer in der Grande Brière. Üppiger Blumenschmuck im vor Trockenheit rissigen Boden.

Im ehemaligen Torfboothafen **Bréca** – heute vielbesuchter Ausgangspunkt für Barken- und Planwagenfahrten – führt die gelb-rote Markierung über die aussichtsreiche Metallbrücke eines kleinen Nebenkanals und hält neben ihm südwestwärts (rechts). Der einzige Hinweis darauf, daß es auf der Welt etwas anderes als Schilf, Pfeifengraswiesen, Heide, Blumen, Wasser und Moor gibt, ist der Kirchturm von Saint-André-des-Eaux, der sich im Süden reckt.

Der nächste Kanal wird auf einer Stegbrücke überschritten, danach geht es links weiter (schlecht markiert) am Kanal entlang, am nächsten Kanal rechts und zu einem kleinen Parkplatz mit Rasttischen und -bänken in der Nähe des Dorfs Héré. Nun wird, immer der gelb-roten Markierung folgend, erneut ein Kanal auf luftiger Stegbrücke überquert, und wir wandern weiter durch Schilf und Moor, bis an dem ehemaligen Torfboothafen **La Chaussée Neuve** wieder ein Parkplatz und zudem eine Einkehrmöglichkeit erreicht werden. Darüber hinaus beginnt in La Chaussée Neuve ein *Vogelbeobachtungslehrpfad,* außerdem läßt sich die Wanderung durch eine Reiteinla-

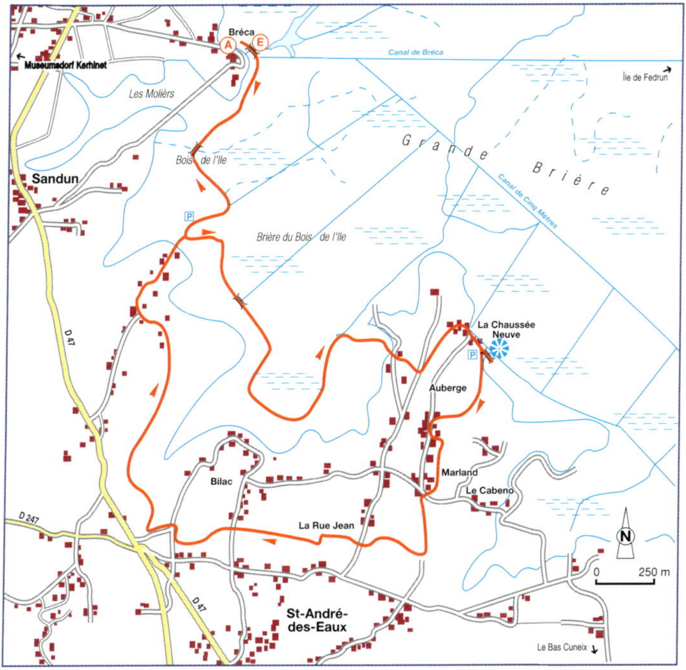

ge würzen: Pferd mieten – und ab geht es durch die weiten, entwässerten Moorwiesen.

Von La Chaussée Neuve zieht ein breiter Staubweg, ausgeschildert als »sentier pédestre«, in südöstlicher Richtung zu einem Rastplatz. Hier überschreiten wir auf einer wackligen Holzbrücke einen Kanal und steigen einen Hügel hinauf. Obwohl er nur wenige Meter hoch ist, bietet er eine prachtvolle Aussicht. Der Blick schweift über die gesamte Grande Brière, fällt auf die Hafenstadtkulisse von Saint-Nazaire an der Mündung der Loire, in 390 Kilometern Entfernung liegt Paris – wie die Panorama-Orientierungstafel erklärt –, während die Beet-

KURZINFO

Ausgangsort: Saint-Nazaire (Loire-Atlantique).

Anfahrt/Ausgangspunkt: Von Saint-Nazaire auf der autobahnähnlich ausgebauten N 171 Richtung Guérande, Ausfahrt Richtung Saint-André-des-Eaux, an Saint-André-des-Eaux vorbeifahren Richtung Herbignac, bis das Stichsträßchen nach Bréca ausgeschildert ist. Der Großparkplatz in Bréca ist der Ausgangspunkt.

Einkehr unterwegs: Restaurant in Bréca am Ausgangspunkt, Restaurant und »fliegende Händler« in La Chaussée Neuve, Herberge Haut Marland bei Chaussée Neuve.

Sehens- und Wissenswertes: Die moderne Hafen-, Erdölindustrie- und Werftenstadt Saint-Nazaire liegt an der Mündung der Loire in den Golf von Biscaya. Umrahmt von der Hafenkulisse findet sich hier auch ein Sandstrand unweit der 3356 Meter langen Mautbrücke, die die Loiremündung überspannt.

Auskunft: Parc Naturel Régional de Brière, 180, Ile de Fédrun, 44720 Saint-Joachim, Tel. (2) 40 88 42 39 und 40 88 42 72; Office de Tourisme, Place François-Blanche, 44600 Saint-Nazaire, Tel. (2) 40 22 40 65.

Karten: ign TOP 25, Blatt 1022 ET St-Nazaire; Übersichtskarte 1:50 000 Parc Naturel Régional de Brière.

Ausflugsbarke auf dem Canal de Bréca, dem Hauptkanal der Grande Brière.

hoven-Geburtsstadt Bonn immerhin schon 1050 Kilometer entfernt ist.

Nach dem Rundblick geht es über die Holzbrücke zurück zum Rastplatz, dann geradeaus auf staubigem Weg landeinwärts und an der Départementstraße links. Wer an der Straße nicht sofort links, sondern zuerst wenige Minuten nach rechts läuft, trifft auf ein Restaurant, das den Gast auf nette Weise willkommen heißt: »Alle sind willkommen, zu Fuß, zu Pferd oder im Auto«. An der Straße also links und gleich wieder links – das Ganze mit grünem Strich markiert und nicht zu verfehlen.

Bald darauf verläßt unsere Markierung den Straßenbereich und zieht durch das Landesinnere zwischen Bäumen, Wiesen, verlassenen Feldern. Die Kleinstdörfer, die auf der Karte namentlich eingezeichnet sind, entpuppen sich als Ansammlungen weniger Häuser. Es gibt keine Kaufläden, keine Gasthäuser, nichts – einsames Land.

Schließlich erreicht der Weg, der oftmals zum Pfad wird, den bekannten Rastplatz bei **Tréhé** und damit das Moor. Abschließend geht es auf der Moor-Route wieder zurück nach **Bréca**.

Belle-Ile — Träne der Feenkönigin

Knapp 20 Std. | Anstiege etwa 500 Hm. | insgesamt 60 km.

Tourencharakter: *Zwei- bis dreitägige, aussichtsreiche, baumfreie Streckenwanderung; feste Stiefel und Trittsicherheit sind von Vorteil.*
Beste Jahreszeit: *Frühjahr und Herbst.*
Weglänge: *15 km Le Palais – Locmaria, 19 km Locmaria – Bangor, 21 km Bangor – Pointe des Poulains, 5 km Pointe des Poulains – Sauzon.*

Quiberon/Le Palais – Grands Sables – Pointe de Kerdonis – Locmaria – Pointe du Skeul – Port Kérel – Port de Goulphar – Aiguilles de Port Coton – Grotte de l'Apothicairerie – Pointe des Poulains – Sauzon/Quiberon

Die Wanderung beginnt mit dem Verlassen des Fährboots im **Hafen** von **Le Palais**. Bei der Einfahrt in das von der Citadelle Vauban überragte Hafenbecken, in dem zahlreiche Jachten und Fischerboote ankern, bietet sich ein reizvoller Blick auf die Nordostküste der Belle-Ile.

Vom Hafen geht es auf der belebten Rue Jules Simon kurz Richtung Fischmarkt und sofort die erste Gasse links hinauf. Es ist die schmale, steile, autofreie Rue de l'Escalier, die weiter oben in die ruhige Rue des Remparts mündet. Diese gibt die Route vor, bis sich links im Festungswerk der Zitadelle ein tunnelartiger Durchgang zeigt. Jenseits des Durchgangs zieht ein Sträßchen auf eine Anhöhe, überschreitet sie und trifft auf Sitzbänke mit Blick auf das Meer und den Hafen.

Das Sträßchen führt hinab zur Sandstrandbadebucht **Plage de Ramonette**, leitet wieder hinauf und windet sich landeinwärts. Nach der Kurve zweigt links ein Weg ab, der zum ehemaligen Fort (Privatgelände) auf der Pointe de Ramonette verläuft. Vor dem Eingangstor des Privatgeländes beginnt dann – 20 Minuten nach Verlassen des Fähr-

KURZINFO

Ausgangsort: Quiberon bzw. Le Palais (Morbihan).

Anfahrt/Ausgangspunkt: Die Anfahrt erfolgt mit der Autofähre Quiberon – Le Palais. Die Fähren verkehren etwa achtmal täglich, die Überfahrt dauert 45 Minuten und kostet pro Person 42 FF (ca. 12 DM, einfache Fahrt). Für das Abstellen eines Pkw auf einem der bewachten Parkplätze am Hafen von Quiberon muß man pro Tag 35 FF (ca. 10 DM) bezahlen. Die Mitnahme eines Autos auf der Fähre kostet hin und zurück 344 FF (ca. 100 DM). Die von der Reederei empfohlene, in der Praxis unumgängliche Pkw-Reservierung beläuft sich zusätzlich auf 44 FF (ca. 13 DM) hin und zurück. Ausgangspunkt der Wanderung ist der Hafen von Le Palais.

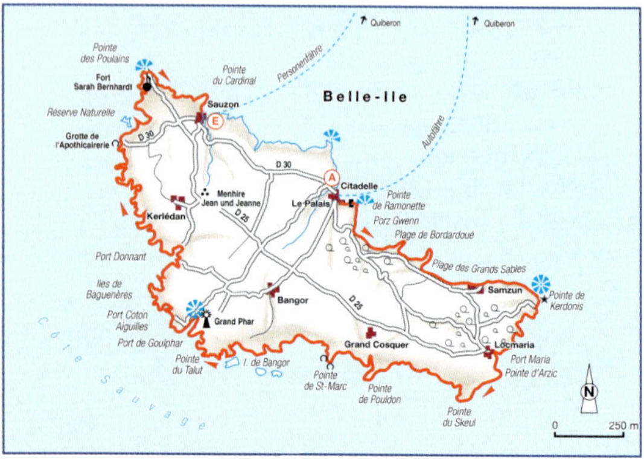

boots – der autofreie Küstenpfad.

Aussichtsreich zieht hier der Pfad oberhalb der Steilküste entlang und erreicht die kleine Sandstrandbadebucht **Porz Gwenn**. Ein Stück landeinwärts (5 Minuten Gehzeit) liegt in der natürlichen Stille eines bewaldeten Tals der **Gîte d'Etape Porz Gwenn**, ein leider ziemlich schlecht bewirtschafteter Hof mit Unterkunftsmöglichkeit auf Selbstversorgungsbasis (Gemüseverkauf, aber weder Café noch Restaurant).

Von der Bucht Porz Gween führt der Küstenpfad hinüber zu dem von malerischen Felsen umgebenen Sandstrand **Plage de Bordardoué**, ein schöner Ort für eine Rast; er wird erreicht (und wieder verlassen) durch ein Tor in der alten Befestigungsmauer.

Nächste markante Station ist der langgestreckte Wassersport- und Badesandstrand **Les Grands Sables** – der größte Sandstrand der Belle-Ile. Festungsanlagen, die ihn im 17. und 18. Jahrhundert vor englischen und holländischen Invasionen schützen sollten, begrenzen ihn auf der Landseite.

Wir wandern den Sandstrand nicht bis zu seinem Ende entlang, sondern wechseln, sobald der Hügel rechts wieder flacher wird, auf die parallel zum Strand verlaufende Straße und folgen ihr aufwärts, bis nach wenigen Minuten vor einer Rechtskurve der Küstenpfad links abzweigt. Er umgeht das

Rückfahrt: Die Rückfahrt von der Belle-Ile erfolgt mit der (autofreien) Fähre Sauzon – Quiberon. Die Schiffe verkehren zweimal täglich, um 8.45 Uhr und 17.15 Uhr. Die Überfahrt dauert 30 Minuten und kostet pro Person 42 FF (ca. 12 DM, einfache Fahrt). Faltblätter mit den aktuellen Abfahrtszeiten sind in den Fährbahnhöfen von Quiberon und Le Palais erhältlich.

Dorf **Samzun** (hier gibt es eine Crêperie), zieht weiter über der Steilküste und erreicht nach einer 3/4 Stunde ab Samzun die **Pointe de Kerdonis**, die von einem Leuchtturm und alten Befestigungen markierte östlichste Landzunge der Belle-Ile. Im Osten bzw. Nordosten zeigen sich die Inseln Ile d'Hoëdic und Ile d'Houat.

Von der Pointe de Kerdonis leitet der Küstenpfad hinab zur Sandstrandbucht **Port An-Dro**; hier findet sich der städtische Campingplatz von Locmaria. Von Port An-Dro bringt uns der Küstenpfad dann hinüber nach **Port Maria**, einer schmalen, von Felsen umgebenen Bucht, deren Sandstrand bei Ebbe trockenfällt.

Von Port Maria ist der Abstecher (10 Minuten Gehzeit) nach **Locmaria** zu empfehlen. In dem 600-Seelen-Ort gibt es ein Café, einen Supermarkt, öffentliche Toiletten, eine Nichtraucher-Teestube, in der es sich gut frühstücken läßt, einen Fahrradverleih, ein Gîte d'Etape (Unterkunftsmöglichkeit) und Campingplätze.

Zurück nach Port Maria: Der Küstenpfad führt steil aufwärts, an der Pfadverzweigung auf halber Höhe geht es rechts (bergwärts) steil weiter hinauf, dann leitet der Pfad geruhsam hinüber nach **Port Blanc**, einer kleinen Sandstrandbadebucht. Dort zweigt beim Parkplatz ein Weg ab, der zu einem Haus auf der aussichtsreichen **Pointe d'Arzic** hinaufführt. Hier empfängt uns wieder der Küstenpfad hoch über den Klippen, und die Nähe der Côte Sauvage wird immer deutlicher spürbar.

An der grandiosen **Pointe du Skeul** bzw. im Westbereich dieser Landzunge beginnt die **Côte Sauvage**. In stetem Auf und Ab folgt der Pfad nun 40 Kilometer der wilden Küste, an Naturschönheit und Felsdramatik keinen Wunsch offen lassend. Es würde zu

Übernachtung/Einkehr/Proviant: Die Umrundung der Insel wird in der Regel mit dem Schlafsack unternommen. Hotels, Pensionen und ähnliche Übernachtungsmöglichkeiten findet man in Le Palais und Sauzon. Gîtes d'Etapes (Unterkünfte mit Selbstverpflegung) gibt es wenige Kilometer südlich von Le Palais (siehe Routenbeschreibung Porz Gwenn) sowie beim Campingplatz von Locmaria. Campingplätze stehen unter anderem in Le Palais, beim Strand Les Grands Sables, unweit der Pointe de Kerdonis, bei Locmaria, in und bei Bangor sowie bei Sauzon zur Verfügung. Lebensmittelläden und Cafés gibt es in Le Palais, Locmaria, Bangor und Sauzon. Frei zugängliche Quellen findet man unterwegs keine.

7

weit führen, alle Punkte dieses Küstenstrichs aufzuzählen: Felstürme im Meer, Grate, Grotten, Pfeiler, alpin aufragende Felswände, phantastische Verwitterungserscheinungen, eine bizarre Formation nach der anderen – dazwischen stille Sandstrandbuchten. Während der Wanderung längs der Côte Sauvage sind gelegentlich Brandungsfischer zu sehen: Viele Punkte, von denen aus sie angeln, sind nur in Kletterei mit Ausrüstung (Gurt, Seil usw.) erreichbar.

Die kleine Sandstrandbadebucht Porz Gwenn. Wenige Minuten oberhalb bietet ein idyllisch gelegener Gîte d'Etape, der einem ökologischen Bauernhof angeschlossen ist, Unterkunftsmöglichkeit auf Selbstverpflegungsbasis.

Auskunft: Office de Tourisme de Belle-Ile en Mer, Quai Bonnelle, 56360 Le Palais, Tel. (2) 97 31 81 93.

Karte: ign TOP 25, Blatt 0822 OT Belle-Ile. Da die Markierung des Küstenpfads mangelhaft ist, nimmt man am besten diese Karte (und keine andere!) mit auf die Wanderung.

Nach Passieren der großartigen **Pointe de Pouldon**, der tief eingeschnittenen Sandstrandbucht **Port de Pouldon**, der von Grotten durchlöcherten **Pointe de Saint-Marc**, des Strands **Plage d'Herlin** und der **Grand Village**-Landzunge (mit der vorgelagerten Ile de Bangor) erreicht der Pfad die von hoch aufragenden Felsflanken eingefaßte Sandstrandbucht **Port Kérel**, den meistbesuchten Strand der Côte Sauvage. Wer hier, 17 Kilometer nach Locmaria, den Wunsch verspürt, einen Kaffee serviert zu bekommen, wandert die 2 Kilometer hinüber nach **Bangor**. Die »Stadt« hat 700 Einwohner, und die katholische Kirche geht auf eine Gründung von Mönchen im 7. Jahrhundert zurück. Wer an einem Sonntagmorgen nach Bangor kommt, erlebt einen farbenprächtigen Markt. Auch an das öffentliche Busnetz ist Bangor angebunden: Jeden Mittwoch um 8.30 Uhr fährt der Linienbus nach Le Palais.

Zurück nach Port Kérel: Der Küstenpfad überschreitet die von einer Signalfunkstation überhöhte **Pointe du Talut** und erreicht die vielbesuchte Bucht **Port de Goulphar** (Hotel, Einkehrmöglichkeit). Da ihr mehrere Inseln schützend vorgelagert sind, ist das

Wasser sehr ruhig und oft so klar, daß der Meeresgrund sichtbar wird. Oberhalb der Bucht mündet der Küstenpfad vorübergehend auf die Straße, auf der sich die Rundreisebusse tummeln. Wenige hundert Meter weiter rechts reckt sich der 46 Meter hohe Leuchtturm **Grand Phare**, dessen Besteigung bei guter Sicht lohnt. Die Aussichtsplattform bietet Rundblick über die gesamte Belle-Ile, auf die umliegende Inselwelt, hinüber zur Halbinsel Quiberon und bis zur Küste von Lorient.

Der Küstenpfad folgt der Rundreisebus-Straße und kommt am **Centre de Thalassothérapie** vorbei; bei dieser Therapie wird Meerwasser zu Heilzwecken verabreicht (in der Bretagne gibt es mehrere solcher Einrichtungen). Kurz nach dem Passieren des Meerwassertherapiezentrums zweigt der Küstenpfad von der Hauptstraße ab, und es bieten sich außerordentlich schöne Blicke auf die Felsen und Inseln rund um die Bucht Port de Goulphar.

Wenig später (die Rundreisebus-Straße endet) zeigen sich vor der Steilküste die **Aiguilles de Port Coton**, schwarze, von der Brandung umtoste Felsnadeln im Meer. Nach der wie Watte aussehenden Gischt tragen diese berühmten Felsnadeln und die nahe Bucht **Port Coton** (Watte-Hafen) ihren Namen. Claude Monet hat die Nadeln in zahlreichen Bildern und Skizzen festgehalten.

Nach Überschreiten der **Pointe du Grand Guet** senkt sich der Küstenpfad zu der von Felsen gerahmten Sandstrandbucht **Port de Donnant** hinab. Von hier wäre der Abstecher zu den *Menhiren Jean und Jeanne* möglich: Gehzeit etwa 1 Stunde hin und zurück.

Von der großen Bucht Port de Donnant zieht der Pfad oberhalb der wild zerklüfteten Steilküste entlang und erreicht schließlich einen Parkplatz am Ende einer Stich-

Durch einen alten Torbogen im ehemaligen Festungswerk, das die Insel vor holländischen und englischen Invasionen schützen sollte, wird der schöne Sandstrand von Bordardoué erreicht.

straße: Über eine steile Stufenanlage geht es hinab zur **Grotte de l'Apothicairerie**, benannt nach den Vogelnestern, die wie »Apothekertöpfe« unter der Höhlendecke hängen.

Nun durchquert der Küstenpfad das Vogelschutzgebiet an der **Pointe du Vieux Château**, wo der römische Feldherr Caesar ein Lager gehabt haben soll, umgeht die große Sandstrandbucht **Port de Stêr-Vraz** und hält auf den nördlichsten Punkt der Insel zu, die **Pointe des Poulains**. Im *Fort Sarah Bernhardt* hoch über den Klippen verbrachte die Schauspielerin ihre Ferien; im Zweiten Weltkrieg wurde es zerstört. Vom Parkplatz am Ende der nunmehr dritten Rundreisebus-Stichstraße geht es hinab zu einer Landenge, die bei starker Flut unpassierbar sein kann: Die vom Leuchtturm überhöhte Pointe des Poulains ist dann eine auf allen Seiten vom Meer umgebene Insel.

Von der Pointe des Poulains, auf der sich ein umfassendes Panorama eröffnet, leitet der Küstenpfad schließlich in 1 Stunde hinüber in den hübschen Hafenort **Sauzon**. Hier fährt die Personenfähre (keine Autos) zurück nach **Quiberon.**

An der Côte Sauvage der Belle-Ile.

Die wilde Küste von Quiberon

4 Std. geringfügig 13 km.

Tourencharakter: *Bequeme, aussichtsreiche Streckenwanderung durch die Heide über der Steilküste.*
Beste Jahreszeit: *Ganzjährig.*

Quiberon – Beg er Goalennec – Pointe du Percho – Kerhostin

KURZINFO

Ausgangsort: Seebad Quiberon.
Anfahrt/Ausgangspunkt:

Am Bahnhof des Seebades, Sardinenfischer- und Hafenstädtchens Quiberon gibt es auch einen Fahrrad- und Mountainbike-Verleih, doch zu Fuß ist die Wanderung entschieden schöner und bequemer als mit einem Rad, das der Wind immer wieder aufzuhalten oder umzuwerfen versucht.

Zunächst geht es durch die belebten Straßen und Gassen des Seebades Quiberon: Aus dem Bahnhof tretend, geradeaus zur Hauptstraße und auf ihr links Richtung »Office de Tourisme/La Poste«. Wer baden will, kann an der Place Hoche links zur Grande Plage von Quiberon spazieren, die Wanderroute jedoch verläuft rechts weiter, folgt autofrei der Strandlinie, bis die Bebauung endet und uns der Küstenpfad erwartet. Anfangs auf einem Weg, später auf Pfaden, geht es nun immer an der Küste entlang.

Im Megalithikum wurde die Küste mit *Menhi-*

Rast auf den sonnigen Felsen vor dem »Château« von Quiberon bei ablaufendem Wasser.

Schnellstraße N 165/E 60 Vannes – Lorient, Ausfahrt bei Auray in Richtung Carnac/Quiberon. Ausgangspunkt ist der große Komplex Bahnhof/Busbahnhof/Großparkplatz in der Ortsmitte von Quiberon.

Rückfahrt: Rückkehr von Kerhostin mit dem Bus (achtmal täglich, letzter 20 Uhr) oder Zug (zehnmal täglich, letzter 21 Uhr).
Die Rückfahrtzeiten sind am Bahnhof in Quiberon angeschlagen.

ren markiert. Der erste steht vor Port-Pilote, zwei weitere befinden sich an der bald darauf erreichten Landzunge **Beg er Goalennec**. Die Spitze der Landzunge gewährt einen eindrucksvollen Blick auf fast die gesamte Côte Sauvage: ein feiner Ort für eine Rast.

Der Pfad hält weiter nordwärts, immer wieder tun sich großartige Felsszenerien auf, es gibt zahlreiche Rastplätze, unter anderem die Sandstrandbucht von **Port Bara** und den Sandstrand von **Port Blanc** mit dem berühmten Felstor **Arche de Port Blanc**. Kurz hinter Port Blanc wird die **Pointe du Percho** erreicht: Dieses Kap bietet einen hervorragenden Blick zurück auf die Côte Sauvage, während sich in der Verlängerung die Belle-Ile und im Westnordwesten die Ile de Groix, die »Insel der Hexe«, zeigen.

Von der Pointe du Percho leitet der Küstenpfad weiter zum Kap **Beg en Aud**, von dem aus sich gut die Nordspitze der »Fastinsel« Quiberon mit dem Fort de Penthièvre sowie die Landenge von Penthièvre und nördlich davon – auf dem Festland – die Stadt Penthièvre einsehen lassen: Ursprünglich war die Halbinsel von Quiberon eine Insel, die an den schmalsten Stellen nur wenige Dutzend Meter breite Landenge von Penthièvre besteht aus angeschwemmtem Sand.

Vom Kap Beg en Aud folgen wir dem Küstenpfad, der später zum Weg wird, ostwärts, passieren die **Plage du Fosa** und den Hafen von **Portivy**, wandern zuletzt an Ferienhäusern entlang und biegen dann auf der Küstenstraße rechts zum Bahnhof von **Kerhostin** ab.

Einkehr unterwegs: Mehrere Möglichkeiten in Quiberon, Portivy und Kerhostin, zwei Restaurants am Kap Beg er Goalennec.

Auskunft: Office de Tourisme, 7 rue Verdun, 56170 Quiberon, Tel. (2) 97 50 07 84, Fax (2) 97 30 58 22.

Karte: ign TOP 25, Blatt 0821 OT Presqu'île de Quiberon.

Zahlreiche Sandstrandbuchten öffnen sich am Fuß der Côte Sauvage auf der Halbinsel Quiberon. Allerdings ist die Brandung lebensgefährlich, Baden ist verboten.

9 Locmariaquer — die Säule des Nordens

2 Std. geringfügig 8 km.

Tourencharakter: *Bequeme, aussichtsreiche Wanderung auf Wiesen- und Feldwegen, entlang dem Küstenpfad (Bademöglichkeit!) und durch bebautes Gebiet.*

Beste Jahreszeit: *April bis September.*

Locmariaquer – Pointe de Kerpenhir – Pierres Plates – Kerhéré – Kerlud – Le Grand Menhir – Table des Marchands – Locmariaquer

Auf der Pointe de Kerpenhir, wo sich der Golfe du Morbihan zur See hin öffnet, steht die weithin sichtbare Granitstatue der Notre-Dame-de-Kerdro (Unsere liebe Frau der guten Heimkehr).

Die Wanderung beginnt an der kleinen Durchgangsstraße im Ortszentrum von **Locmariaquer,** am Platz bei Post und Syndicat d'Initiative (Fremdenverkehrsbüro). Die hübsche Hafengegend sparen wir für den Schluß auf, folgen der Durchgangsstraße wenige Dutzend Meter, zweigen rechts Richtung Plage (Strand) ab und bleiben auf dem Sträßchen, bis links die Rue er Hartel abbiegt. Von dieser zweigt gleich darauf vor einem Camping privé ein Feldweg links ab und leitet aussichtsreich durch Wiesen, Felder und Gehölze. Bei einem Campingplatz trifft er auf eine Straße: diese queren, kurz links, sofort rechts in die erste Straße und ihr folgen, bis am Ende der Bebauung halb links ein Weg, später Pfad zum **Strand** hinabzieht. Nun beginnt die aussichtsreiche Strandwanderung auf dem Sentier côtier (Küstenpfad) am Rand des Golfe du Morbihan.

Zu den eindrucksvollsten Punkten der Küstenwanderung zählt die bald erreichte **Pointe de Kerpenhir** mit Blick auf die Inseln des Golfe du Morbihan und auf das offene Meer. Eine Panorama-Orientierungstafel benennt die Inseln und Orte im Blickfeld. Auf der Spitze der Landzunge steht die *Gra-*

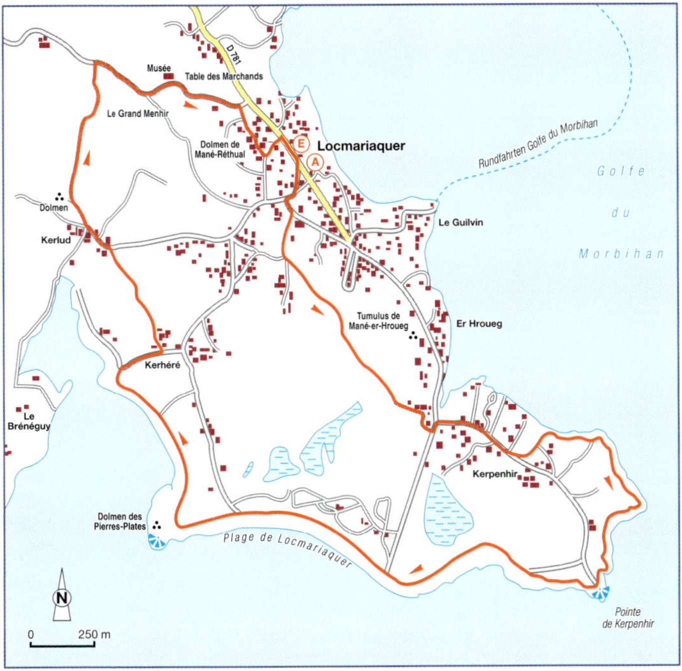

nitstatue von *Notre-Dame-de-Kerdro* (Unsere liebe Frau der guten Heimkehr). Gegenüber zeigt sich der Leuchtturm von Port-Navalo. Der schmale Wasserstreifen zwischen Pointe de Kerpenhir und Port-Navalo ist die einzige Verbindung zwischen dem Golfe du Morbihan und der offenen See.

Von der Pointe de Kerpenhir leitet der Küstenpfad weiter, trifft bald auf den Badestrand und erreicht den **Dolmen des Pierres-Plates**, vor dem ein 2,50 Meter hoher Menhir wacht. Vom Dolmen bietet sich ein letzter Blick aufs Meer, auf die Landzungen von Port-Navalo und Grand-Mont, auf die Belle-Ile und die Halbinsel von Quiberon, dann verläuft der Küstenpfad buchteinwärts

KURZINFO

Ausgangsort: Locmariaquer (Morbihan).

Anfahrt/Ausgangspunkt: Anfahrt per Schiff: Larmor-Baden – Locmariaquer (verkehrt von April bis September etwa alle 30 Minuten). Auto: Schnellstraße N 165/E 60 Vannes – Lorient, Ausfahrt in Auray Richtung Crac'h/Locmariaquer. Ausgangspunkt ist der Parkplatz im Zentrum von Locmariaquer vor der Post.

Einkehr unterwegs: In Locmariaquer.

Auskunft: Syndicat d'Initiative, Place de la Mairie, 56740 Locmariaquer, Tel. (2) 97 57 33 05.

Karten: ign TOP 25, Blatt 0921 OT Vannes/Golfe du Morbihan und Blatt 0821 OT Presqu'île de Quiberon/Auray/Carnac.

Brandungsfischer an der Felsküste vor Locmariaquer.

und erreicht die kleine Mole des Dorfs **Kerhéré**.

Hier biegen wir rechts zum Dorf hinauf ab und nehmen die erste links abzweigende Straße. Sie verengt sich zu einem stillen, von Büschen und Steinlesewällen flankierten Holperweg, der gemächlich in das Dorf **Kerlud** hinüberleitet.

Dort wenden wir uns links, durchschreiten auf der einzigen Straße diesen Weiler mit seinen alten, aus Granit erbauten Häusern und Höfen und treffen am Ende auf den **Dolmen von Kerlud**. Der einfache Dolmen ist von Gestrüpp überwuchert.

Da der Wiesenweg, der beim Dolmen abzweigt, neuerdings gesperrt ist, folgen wir dem kleinen Sträßchen zurück bis zur Landstraße, queren diese und erreichen das Museumsgelände von **Grand Menhir** und **Table des Marchands**. Vom Museumsgelände sind es nur wenige Minuten zurück nach **Locmariaquer**: Kurz geradeaus an der Straße entlang, die erste rechts und dann links ins Ortszentrum.

Carnac — Universum der rätselhaften Steine

Gut 3 Std. geringfügig. 13 km.

Tourencharakter: *Bequeme Wald- und Megalithenwanderung.*
Beste Jahreszeit: *Mittsommer (Vorsaison) und Herbst (Nachsaison).*

Tumulus de Saint-Michel – Kermario – Kerlescan – Géant du Manio – Kermario – Le Ménec – Tumulus de Saint-Michel

Vom Parkplatz in **Carnac** leitet ein Fußweg zur Kapelle auf dem **Tumulus de Saint-Michel,** einem der größten Grabhügel Europas. Eine Panorama-Orientierungstafel auf dem 120 Meter langen, bis zu 12 Meter hohen und an der Basis 60 Meter breiten Tumulus erläutert die Aussicht auf Carnac und seine berühmten Sandstrände sowie auf den Golfe du Morbihan mit den Inseln und auf

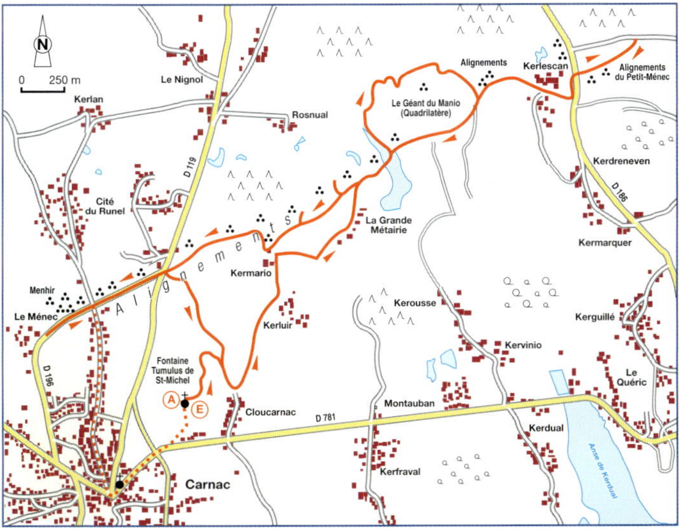

KURZINFO:

Ausgangsort: Carnac (Morbihan).

Anfahrt/Ausgangspunkt: Carnac ist an der autobahnähnlich ausgebauten Schnellstraße N 165/E 60 Vannes – Lorient ausgeschildert. Ausgangspunkt ist der Parkplatz am ebenfalls ausgeschilderten Tumulus de Saint-Michel in Carnac.

Vom Tumulus de Saint-Michel, einem der größten vorgeschichtlichen Grabhügel Europas, schweift der Blick weit hinaus auf die See

der anderen Seite weit ins Binnenland hinein. Errichtet wurde der Hügel ab dem 4. Jahrtausend v. Chr., im Jahr 1664 kam eine *Kapelle* hinzu. 1960 schuf Alice Pasco die Ölgemälde in der Kapelle (Eintritt frei, Spenden erbeten).

Im Inneren des Tumulus finden sich zwei Grabkammern und zwei Dutzend Steinkistengräber. Das Innere des Hügels kann im Rahmen einer Führung besichtigt werden; die Funde sind in den Museen von Carnac und Vannes ausgestellt.

Auf dem Tumulus von Saint-Michel wird am Abend des 23. Juni das erste Johannisfeuer entzündet: Sobald es weithin sichtbar aufflammt, werden auch die *Feux de Saint-Jean* in der Umgebung entzündet – alljährlich ein großes Fest.

Aus der Kapelle tretend, gehen wir geradeaus, steigen auf Steinstufen zum Fuß des Hügels hinab, wenden uns unten an der alten Kiefer halb links und folgen den Markierungen roter und gelber Pfeil auf einem Grasweg zur gefaßten **Fontaine Saint-Michel**, von der erzählt wird, daß ihr Wasser hellsichtig macht. Am ersten Weg ab der Quelle zeigt die gelbe Pfeilmarkierung nach rechts und gleich darauf vor dem kleinen Dorf Cloucarnac mit seinen alten Bauernhöfen wieder nach links. Still zieht der Weg neben Steinlesewällen, alten Eichen und verwildernden Gärten, neben Schlehen, Efeu, Wacholder und Brombeergestrüpp dahin und mündet schließlich in **Kermario** auf die Dorfstraße.

Im Ort gehen wir auf der Hauptstraße nach links und biegen kurz vor der Départementstraße (die Megalithen sind in Sicht) rechts ab, spazieren am Campingplatz vorbei, wenden uns am Bauernhof halb links, erreichen ein Reitzentrum, wandern hier wiederum halb links (nicht scharf links), stoßen auf die Départementstraße, folgen ihr rechts und zweigen nach Überqueren eines Teichs sofort links ab. Nun gehen wir am Ufer des Teichs entlang.

Am Ende des Teichs stoßen wir rechts im Waldsaumbereich auf einen Glasscherbenhaufen, und dort geht – halb links – ein schmaler, wunderschöner, völlig stiller Waldpfad ab. Diesem folgen wir. Er kurvt bald in sachtem Bogen rechts, zuletzt wieder rechts, trifft auf einen Weg, und dieser bringt uns – links – zum **Géant du Manio**. Der »Riese von Manio« ist ein 6,45 Meter hoher Menhir, der sich inmitten einer annähernd viereckig angeordneten Steinreihe (»Quadrilatère de Manio«) erhebt. Da er abseits einer Straße steht, ist es hier auch in der Hauptsaison vergleichsweise ruhig – ein sehr schöner Rastplatz.

Am Géant du Manio geht es geradeaus weiter und am nächsten Weg rechts zur Départementstraße: Links beginnen bzw. enden jenseits eines Reitstalls die **Alignements de Kerlescan**. Die Alignement-Wanderung beginnt ganz im Nordosten, an den **Alignements du Petit-Ménec**, bestehend aus etwa 200 Menhiren. Es heißt, das kromlechartig halbrunde Menhir-Ensemble von Petit-Ménec (39 Menhire) westlich des Flusses Crac'h markiere den Anfang aller Steinreihen von Carnac. Östlich des Alignements du Petit-Ménec liegen die D 186 und das Dorf Kerlescan, dann beginnen die Steinreihen des **Alignement de Kerlescan**: In 13 Reihen sind 241 Menhire aufgestellt, am westlichen Ende stehen noch einmal 39 Menhire kromlechartig im Halbkreis.

Wir folgen weiter der Wanderstraße, kommen am bekannten Teich vorbei und erreichen nach wenigen Minuten das **Alignement de Kermario**: Hier stehen 1030 Menhire in zehn Reihen. Anfangs sind die Men-

Der Géant du Manio (Riese von Manio) ist ein mehr als 6 Meter hoher Menhir. Anders als die eingegitterten Menhire von Carnac kann man ihn anfassen. Wer ihn öfter besucht, nimmt wahr, daß er bei verschiedenen Sonnenständen unterschiedliche »Gesichtszüge« hat.

Einkehr unterwegs: Zahlreiche Möglichkeiten in Carnac. Im Verlauf der Wanderung gibt es nur saisonal an den Megalithen ein paar ambulante Speiseeis- und Getränkehändler; ausgeschildert sind auch einige Restaurants, die in Abstechern von wenigen Minuten vom Wanderweg aus zu erreichen sind.

Sehens- und Wissenswertes: Carnac ist einer der bekanntesten Megalith-Fundorte der Welt und zählt zu den meistbesuchten Seebadeorten der Bretagne.

Auskunft: Office de Tourisme, Avenue des Druides, 56340 Carnac, Tel. (2) 97 52 13 52.

Karte: ign TOP 25, Blatt 0821 OT Presqu'île de Quiberon/Auray/Carnac.

Auf dem 120 Meter langen und 12 Meter hohen Tumulus de Saint-Michel steht eine Kapelle, die dem Erzengel Michael geweiht ist. In geringer Entfernung fließt eine Quelle, die als wundertätig gilt. Nach Aussage der Anwohner kann das Wasser getrunken werden, »sofern es nicht gerade wieder einmal von Touristen verunreinigt worden ist«.

hire recht klein (70 cm), doch inmitten dieser »Kleinen« steht ein 3 Meter hoher Riese. Er ist berühmt für die schlangenmusterartigen Ritzungen an seinem Fuß. Je weiter wir nach Westen gelangen – zwischendurch bietet ein Aussichtsturm ein wenig Überblick –, desto höher werden die Menhire, der höchste mißt 6,42 Meter (er liegt am Boden). Früher markierte ein Kromlech das Ende des Alignement de Kermario, heute ist an seine Stelle ein Großparkplatz getreten, auf dem ambulante Händler Speiseeis und Getränke feilbieten; wer rechts am Zaun entlanggeht, trifft auf ein flachgedecktes Gebäude, in dem Ansichtspostkarten und Bücher verkauft werden.

Weiter geht es neben der Départementstraße: Nach etwa 2 Minuten zeigt sich rechts ein kleineres Menhirfeld, dann wird eine Ampelkreuzung überschritten (halb rechts weitergehen), ehe das größte Alignement erreicht ist, das **Alignement du Ménec**. Es besteht aus 1164 Menhiren, angeordnet in elf Steinreihen sowie zwei Kromlechs (jeweils am westlichen und am östlichen Ende). Auch hier stehen die kleinen Menhire (60 cm) im Osten, die großen (bis zu 3,50 m) im Westen. Am westlichen Ende des Alignement du Ménec findet sich beim Parkplatz ein Informationszentrum.

Wir folgen dem Alignement du Ménec ostwärts zurück zur Ampelkreuzung: Rechts des einzeln stehenden Hauses, das nach Queren der D 119 südlich der Alignement-Wanderstraße steht, biegen wir auf einen Weg ein. In wunderschöner Stille leitet er zwischen Laubbäumen durch aufgelassene Felder und Gärten und stößt schließlich wieder auf den bekannten Weg mit der gelben Pfeilmarkierung, der – rechts – zur Fontaine de Saint-Michel und zum Tumulus zurückführt.

Aussichtswanderung auf den Mané Gwen

Gut 3 Std. | Anstiege Knapp 300 Hm. | 11 km.

Tourencharakter: *Bequeme Wald- und Feldwanderung.*
Beste Jahreszeit: *Ganzjährig.*

Guénin – Kergroix – Pierre de Sacrifice – Chapelle de Saint-Michel – Chapelle de Notre-Dame-du-Mané Gwen – Troguern – Kerroperh – Guénin

Aus der Kirche des Dorfs **Guénin** tretend, geht es wenige Meter links hinab, an der Kreuzung auf einem Sträßchen links aufwärts Richtung Saint-Guen, oben beim alten Ziehbrunnen rechts und gleich halb links auf einem Feldweg mit schönem Blick

KURZINFO

Ausgangsort: Baud (Morbihan), liegt in einem Seitental des Blavalet am Nordwestrand der Landes de Lauvaux.

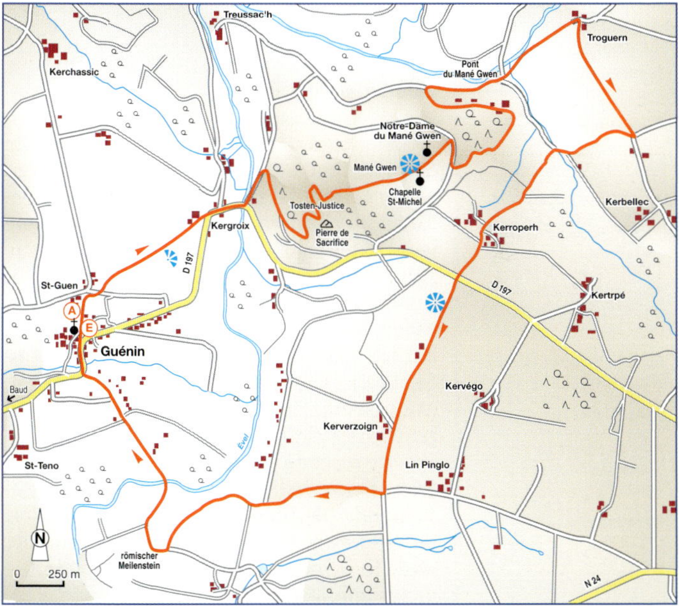

Die als historisches Monument ausgeschilderte Pierre de Sacrifice (Opferstein) auf dem Mané Gwen ist ein Schalenfelsen. Die Hündin treibt sich immer hier in der Gegend herum; sie gehört zum Hof bei der Quellkapelle und ist eine leidenschaftliche Wanderin. Generell sind in der Bretagne oft freilaufende Hunde anzutreffen. Sie suchen alle das gleiche: eine Begleitung beim Wandern.

Anfahrt/Ausgangspunkt: Guénin ist an der D 768 Baud – Pontivy bzw. an der Schnellstraße Lorient – Rennes ausgeschildert. Ausgangspunkt sind die Parkplätze vor der Kirche in der Ortsmitte von Guénin nordöstlich von Baud.

Einkehr unterwegs: In Guénin, Bar in Kergroix.

Sehens- und Wissenswertes: Am 1. Julisonntag findet in Baud der Pardon (Bittprozession) zu Notre-Dame-de-la-Clarté statt.

Auskunft: Pays d'acceuil touristique de la vallée du Blavet, BP 43, 56150 Baud, Tel. (2) 97 51 09 37.

über das Evel-Tal hinweg. Wenn sich der Feld- und Wiesenweg ins Tal hinabgesenkt hat, überschreitet die kleine Départementstraße den Fluß, dahinter biegt links ein sacht ansteigender Weg ab, und von diesem zweigt gleich darauf rechts beim Schild »Pierre de Sacrifice« ein Pfad ab.

Ziemlich steil hält der Pfad aufwärts, zunächst im Wald, dann aussichtsreich in Heide und zwischen Ginsterbüschen, ehe die **Pierre de Sacrifice**, ein Schalenstein, erreicht ist – ein feiner Rastort mit hervorragender Aussicht. Neben einem kreisrunden Schälchen weist die Oberfläche dieses Felsens eine sagenumwobene, angeblich »menschenförmige« Schale auf, die 125 Zentimeter lang ist.

Vom Opferstein verläuft der Pfad weiter, zahlreiche Felsblöcke liegen in der verginsterten Heide, der Pfad überschreitet den Nebengipfel und erreicht die **Chapelle Saint-Michel** auf dem Panoramagipfel des **Mané Gwen**. Obwohl die Kapelle oft von Kirchenschändern verwüstet wird, steht sie jederzeit offen – aber sie ist leer.

Von der Kapelle führt der Pfad hinab zur umfriedeten **Chapelle de Notre-Dame-du-Mané Gwen** (16. Jh.). Rechts oben neben der Eingangstür räkelt sich eine kleine Steinfigur, die einen weiblichen Oberkörper hat: Mit beiden Händen faßt sie ihre Brüste und präsentiert sie den frommen Kirchgängern. Weiter rechts ist dasselbe Motiv auf einem Fries ein zweites Mal dargestellt – zwei Männerköpfe flankieren die Büste –, allerdings stark verwittert. Der Brunnen bei der Kapelle trägt in französischer Sprache die rätselhafte Inschrift: »80 Fuß tief – betet zu

Gott für unsere Väter!«

Beim Brunnen weist ein Schild auf der Fahrstraße abwärts zur **Fontaine de Mané Gwen**. Wir folgen dem Sträßchen kurz hinab und zweigen beim Schild, das auf die Waldbrandgefahr aufmerksam macht, links auf einen Pfad ab, der bald darauf in einen Kastanien-Mischwald taucht; im Herbst kann man hier rucksackweise Edelkastanien sammeln. Leider berührt der Pfad nicht die ausgeschilderte Quelle (sie ist weiter oben näher bei der Kapelle), doch ist dieser Waldspaziergang sehr schön.

Schließlich mündet der Waldpfad auf eine Straße. Ab hier folgt die Wanderroute kleinen Straßen und Fahrwegen in Feld- und Wiesenflur: Rechts hinab, unten am Haus geradeaus und am alten Kreuz vorbei (Richtung Traguern), vor den ersten Häusern rechts auf einen Feldweg und auf diesem immer geradeaus, am Ende rechts, bis kurz hinter einem **römischen Meilenstein** die Markierung »sp« (sentier pédestre) auftaucht und zum Evel hinableitet. Nach Überqueren des Flusses steht rechter Hand ein altes Steinkreuz, gleich darauf sind wir wieder in **Guénin**.

Karte: ign série bleue 1:25 000, Blatt 0819 est Plumé-liau.

Die umfriedete Quellkapelle am Mané Gwen ist ein sehr schöner Ort für eine Rast. Eigenartige figürliche Motive schmücken den Eingang. Rechts hinten befindet sich der 80 Fuß tiefe Brunnen.

12 Zur Blaubart-Burg über dem Lac de Guerlédan

Knapp 4 Std. | Anstiege 200 Hm. | 11 km.

Tourencharakter: *Strecken- und Waldwanderung auf Pfaden.*
Beste Jahreszeit: *Ganzjährig, außer bei Schneelage.*

Barrage de Guerlédan – Castel Finans – Anse de Sordan – Barrage de Guerlédan

Ausgangsort: Mûr-de-Bretagne (Côtes d'Armor).

Anfahrt/Ausgangspunkt: In Mûr-de-Bretagne der D 35 Richtung Cléguérec in südwestlicher Richtung folgen und nach der zweiten Brücke rechts Richtung Barrage abzweigen. Ausgangspunkt ist der Parkplatz oberhalb der Staumauer Barrage de Guerlédan.

Einkehr unterwegs: Restaurant in der Anse de Sordan.

Die Wanderung beginnt am Ende der Stichstraße oberhalb der **Staumauer** des **Lac de Guerlédan**. Wer zur Mauer hinabgeht, findet ein Panorama-Hinweisschild: Von einer Plattform lassen sich die 45 Meter hohe Mauer sowie die Elektrizitätsanlagen in der Schlucht des Blavet überschauen – technisch Interessierte sind bei diesem Anblick entzückt. Im 6. Jahrhundert gab es dieses »Panorama« noch nicht, damals war fast alles Wildnis, fast: Über der Schlucht hatte Comorre, der blaubärtige Herrscher von Poher (heutige Stadt Carhaix-Plouguer), eine Burg. Ihre Trümmer sind das erste Etappenziel der Wanderung.

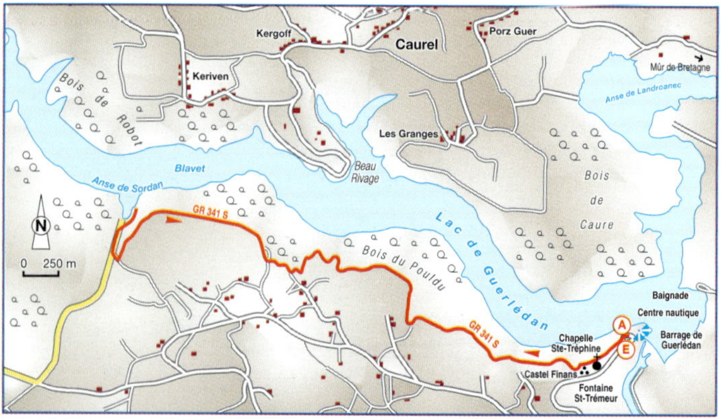

Die rot-weiße Markierung leitet auf einem Pfad unter Kiefern bergan, und wir erreichen bald den von einem Steinwall umgrenzten Ort **Castel Finans** mit der *Chapelle de Sainte-Tréphine*. Die Wissenschaft deutet Castel Finans als Rest eines keltischen Oppidums (befestigter Platz), die Legende berichtet, daß hier der blaubärtige Comorre sein Ende gefunden habe.

Unweit des Lac de Guerlédan steht die berühmte Kirche (16. Jh.) von Kergrist-Moëlou.

Von Castel Finans, wo sich der Mord, das Schleudern der Erde, das Wiederaufsetzen des Kopfes und all die anderen Ereignisse zugetragen haben sollen und wo heute eine Kapelle inmitten der Ringumwallung steht, zieht der rot-weiß markierte Wanderweg weiter durch die bewaldeten Steilhänge über der einstigen Blavet-Schlucht, in der sich seit 1930 die Wasser des Lac de Guerlédan stauen. Schließlich erreicht der einsame Gras- und Wurzelpfad die belebte Bucht **Anse de Sordan**. Hier legen Rundfahrtschiffe an, im Wasser schaukeln Yachten, ein Restaurant lädt zur Rast, am kleinen Sandstrand bauen Kinder Burgen.

Nach der Rast in der Anse de Sordan geht es auf demselben Waldpfad zurück zur Kapelle von Sainte-Tréphine und zum Ausgangspunkt oberhalb der Staumauer **Barrage de Guerlédan**.

Auskunft: Syndicat d'Initiative, Place de l'Eglise, 22530 Mûr-de-Bretagne, Tel. (2) 96 28 51 41; Comité départemental du Tourisme, 29 Rue des Promenades, 22011 Saint-Brieuc Cedex, Tel. (2) 96 62 72 00.

Karten: ign série bleue 1:25 000, Blatt 0818 est Pontivy und Blatt 0818 ouest Guémené-sur-Scorff.

13 Wildwasser unter den Teufelsfelsen

0,5 Std. bzw. 2 Std. — Anstiege 100 Hm bzw. 200 Hm. — 2 km bzw. 8 km.

Tourencharakter: *Kurze Streckenwanderung auf felsigen Pfaden; Schilder weisen darauf hin, daß die Trasse wegen ihrer angeblichen Ausgesetztheit gefährlich sein kann. Verlängerte Variante auf Wald- und Feldwegen.*
Beste Jahreszeit: *Ganzjährig, außer bei Schneelage.*

Roches du Diable – Ellé – Roches du Diable

KURZINFO

Ausgangsort: Quimperlé (Finistère).

Anfahrt/Ausgangspunkt: Von der D 790 Quimperlé – Le Faouët abbiegen Richtung Locunolé; ab hier sind die Roches du Diable ausgeschildert. Ausgangspunkt ist der Parkplatz an den Roches du Diable.

Einkehr unterwegs: Keine.

Wer sich nicht auf die Kurzwanderung beschränken will, startet an der Kirche in dem Dorf **Locunolé.** Dort beginnt ein mit der Markierung roter Strich gekennzeichneter Weg zu den Roches du Diable. Auf kleinen Straßen sowie auf Wald- und Feldwegen leitet er zum Fluß hinab, überschreitet ihn auf einer alten, schmalen Steinbrücke und folgt dann der Straße im Wald hinauf zu den Parkplätzen an den Roches du Diable.

Vom unteren **Parkplatz an den Roches du Diable** führt neben der Informationstafel ein getreppter, mit Holzbalustraden gesicherter Weg hinab zum **Ellé**, an dessen Felsufern Bänke und Tische zur Rast laden. Schon hier kann man stundenlang sitzen und schauen. Es sind nicht nur die eigenartigen Felsen, die Staunen hervorrufen, Kurzweil bietet vor allem der Anblick der zahlreichen Kanuten, die unermüdlich gegen die Tücken des wilden Flusses ankämpfen.

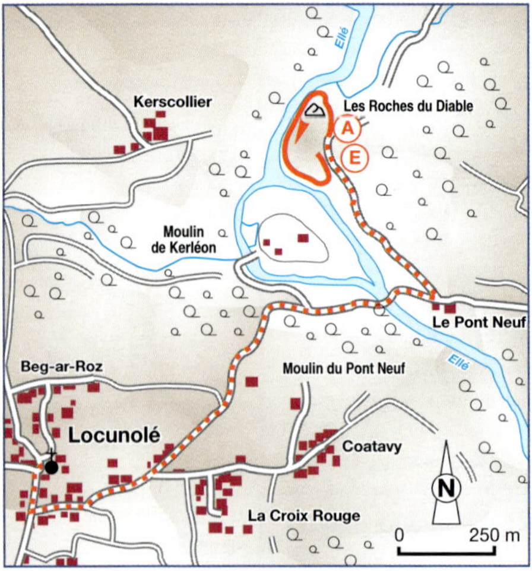

Ehe der heilige Gwenolé den Teufel verjagte, galt die Ellé-Klamm als Eingang zur Unterwelt, der Ellé war (ebenso wie das Quellmoor des Ellez) der Styx von Armorika. Hinweisschilder bescheinigen dieser hübschen Kurzwanderung »gefährliche Passagen« und raten Eltern, dementsprechend gut auf ihre Kinder aufzupassen.

Der felsige Pfad führt unter alten Buchen am Ufer flußabwärts, nach einer Weile endet der Klammbereich, es wird ruhiger, immer mehr Stechpalmen tauchen auf, und immer wieder finden sich schöne Stellen für eine Rast. Hier ist es auch möglich, im Fluß zu baden, während dies im Wildwasserbereich gefährlich sein kann. Weiter hinten teilt sich der Fluß und umspült eine Insel, auf der einsame Häuser zwischen Feldern stehen.

Schließlich schwingt der Pfad links hinauf und erreicht nach kurzem, steilem Spurt den oberen Parkplatz. Dort führt ein getreppter Pfad links aufwärts zu einem schmalen Felsriff, das einen vorzüglichen Tiefblick in die Ellé-Klamm bietet. Von diesem Riff geht es zurück zum oberen Parkplatz und nun halb links auf einem unscheinbaren Pfad hinauf zum eigentümlichsten der **Teufelsfelsen**, einem gigantischen Pfeiler, der lotrecht aus der Klamm aufsteigt. Die Oberfläche des Gipfels weist zahllose Näpfchen, Hörner, Rinnen, Schalen usw. auf. Die Ersteigung des Gipfels muß umsichtig geschehen, da die geringste Nachlässigkeit zum Sturz führen kann – zum Sturz in den Ellé, den Fluß ohne Wiederkehr.

Auf dem gleichen Weg, den wir hergekommen sind, spazieren wir anschließend wieder zum **Parkplatz** zurück.

Sehens- und Wissenswertes: Die Stadt Quimperlé (Finistère) liegt am Zusammenfluß (bretonisch: kemper) von Ellé und Isole und hat eine sehenswerte Altstadt; zur Kirche Sainte-Croix vgl. Tour 14.

Auskunft: Office de Tourisme, Le Bourgneuf, 29300 Quimperlé, Tel. (2) 98 96 0432, Fax (2) 98 96 16 12; Comité départemental du Tourisme, 11 Rue Théodore-Le-Hars, 29104 Quimper Cedex, Tel. (2) 98 53 09 00.

Karte: ign série bleue 1:25 000, Blatt 0719 ouest Le Faouët.

An der mit Stäben markierten Wildwasserroute am Ellé, dem »Styx der Bretagne«.

14 Durch die Laïta-Wälder bei Quimperlé

3 – 4 Std. | Anstiege 100 Hm. | 11 km.

Tourencharakter: *Bequeme Waldwanderung auf Pfaden und Wegen.*
Beste Jahreszeit: *Ganzjährig.*

Auberge de Toulfoën – Rocher Royal – Chaire de l'Evêque – Pont de Pierre – Ligne de Guerniqui – Auberge de Toulfoën

KURZINFO:

Ausgangsort: Quimperlé (Finistère).

Vom Parkplatz vor der **Auberge de Toulfoën** an die Wegeübersichtstafel tretend, geht es auf einem nicht markierten Weg geradeaus (während die gelben Rundwegmarkierungen nach rechts weisen) und sofort in den Wald hinein. An den Verzweigungen gibt jeweils der breitere Hauptweg die Route vor, und dieser stößt schließlich auf einen schnurgeraden Forstweg, dem wir links folgen. Nach Queren eines befestigten Wegs empfangen uns die Markierungen rot-weiß und gelber Strich, wir halten geradeaus auf einem Pfad zum Fluß **Laïta** und folgen nun in sachtem Auf und Ab dem Ufer seewärts. Die Laïta hat sich zwischen Steilufern ein breites Bett gegraben, doch beansprucht der Fluß selbst nur einen kleinen Teil davon, während der weitaus größere von Verlan-

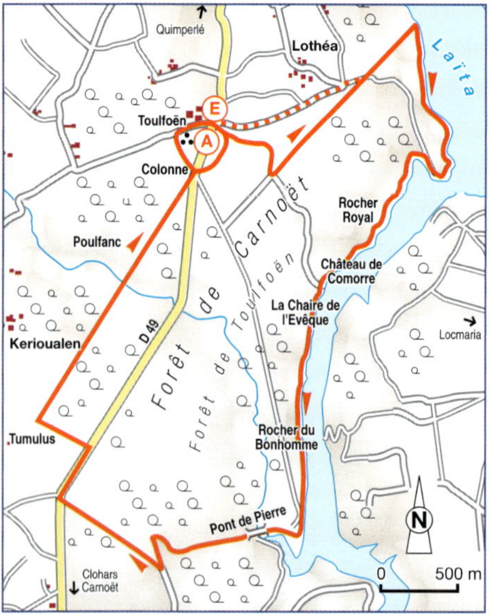

dungszonen, Bruch- und Auenwäldern eingenommen wird.

Der erste markante Punkt während der Wanderung flußabwärts ist die **Rocher Royal** (Königsfelsen) genannte Felsbastion, die lotrecht zur Laïta abstürzt. Bald darauf erreicht der Flußuferweg ein privates Gebäude mit gefängnisartig vergitterten Fenstern. Wer dem Zufahrtsweg wenige Schritte rechts hinauf folgt, gelangt an die Ruinen des **Château de Comorre**; hier soll der berüchtigte Blaubart Comorre (Barbe-Bleu) im 6. Jahrhundert eine seiner Burgen gehabt haben (vgl. Tour 12). Eine Hinweistafel fügt hinzu, Blanche de Navarre habe die Burg im Jahr 1254 dem Inquisitionsorden der Dominikaner von Quimperlé überlassen.

Kurz nach Passieren der Ruinen steht links am Weg die **Chaire de l'Evêque** (Bischofskanzel), ein Felsen, der lotrecht zum Fluß abstürzt. Auf dieser Felskanzel soll der Bischof von Cornouaille den Heiden des Bistums Vannes gepredigt haben; die Heiden sollen am anderen Ufer gestanden haben. Bis heute ist die Laïta ein Grenz-

Anfahrt/Ausgangspunkt:
Von der autobahnähnlich ausgebauten N 165 Lorient – Quimper in Quimperlé abbiegen auf die D 16 Richtung Moëlan-sur-Mer/Le Pouldu; auf der D 16 bleiben, bis kurz nach der Moëlan-Abzweigung ein Schild links in die Forêt de Carnoët weist; dieser kleinen Straße bis zur Auberge de Toulfoën, dem Ausgangspunkt, folgen.

An der Roche Royale im Wald über der Laïta.

14

Einkehr unterwegs: In der Auberge de Toulfoën.

Auskunft: Office de Tourisme, Le Bourgneuf, 29300 Quimperlé, Tel. (2) 98 96 0432, Fax (2) 98 96 16 12; Comité départemental du Tourisme, 11 Rue Théodore-Le-Hars, 29104 Quimper Cedex, Tel. (2) 98 53 09 00.

Karte: ign TOP 25, Blatt 0620 ET Quimperlé/Pont-Aven.

fluß, sie trennt die Départements Morbihan (links des Flusses) und Finistère.

Der Weg folgt weiter dem Steilufer, in dem immer wieder gigantische Eichen auffallen, passiert den Felsen **Rocher du Bonhomme** und erreicht in einer kleinen Bucht die Brücke **Pont de Pierre**. Hier verläßt die gelbe Markierung den Flußbereich, zieht in sachtem Anstieg in einem Bachtal aufwärts, folgt einer Forststraße, dann kurz der Départementstraße (rechts), zweigt bei einem Parkplatz (in Sturmverwüstungsgelände) links ab und bei einem **Tumulus** (Grabhügel) wiederum rechts: Schnurgerade zieht der Weg zur **Colonne**, einer Säule an einer Wegespinne. Hier geht man am besten halb links und an der kleinen Straße (Park- und Rastplatz) wieder rechts. Gleich darauf zeigt sich – gegenüber vom Forsthaus kurz vor dem Ausgangspunkt – rechts ein sehenswerter **Menhir**. Er ist weiträumig umgeben von einem Steinkranz.

Der Menhir von Toulfoën. Von Gras überwuchert ist der Steinkreis um den Menhir.

Mit Paul Gauguin in Pont-Aven

2 – 3 Std. Anstiege 200 Hm. 8 km.

Tourencharakter: *Wanderung teils auf Pfaden im Wald, teils auf kleinen Fahrwegen in aussichtsreicher Feld- und Wiesenflur.*
Beste Jahreszeit: *Ganzjährig.*

Pont-Aven – Bois d'Amour – Chapelle de Trémalo – Nizon – Château de Rustéphan – Pont-Aven

KURZINFO

Ausgangsort: Pont-Aven (Finistère).

Anfahrt/Ausgangspunkt: Pont-Aven ist auf der autobahnähnlich ausgebauten N 165 Lorient – Quimper ausgeschildert. In Pont-Aven dem Piktogramm »Wanderweg Bois d'Amour« folgen; Ausgangspunkt ist der Parkplatz bei der Fabrik.

Einkehr unterwegs: In Pont-Aven.

Auskunft: Office de Tourisme, Place Hôtel de Ville, 29930 Pont-Aven, Tel. (2) 98 06 04 70, Fax (2) 98 06 17 25.

Karte: ign TOP 25, Blatt 0620 ET Quimperlé/Pont-Aven.

Der mit Holzschildern und der Markierung gelber Strich gekennzeichnete Rundwanderweg überschreitet in **Pont-Aven** kurz oberhalb des Restaurants »Tahiti« den Aven, hält flußaufwärts (die Fabriken am gegenüberliegenden Ufer und der Fischgeruch, der hin und wieder von ihnen herüberweht, können als störend empfunden werden), erklimmt vor der Biegung des Flusses den Steilhang und zieht auf der Höhe des Hangs durch den **Bois d'Amour**, wobei sich zwischen den Bäumen immer wieder Ausblicke über Pont-Aven und talabwärts öffnen. Pont-Aven war früher so sehr als »Mühlenstadt« bekannt, daß es darüber einen volkstümlichen Merkvers gibt: »Pont-Aven, ville de renom, quatorze moulins, quinze maisons« (Pont-Aven, berühmte Stadt, 14 Mühlen, 15 Häuser). Von den 14 Mühlen ist nur noch eine einzige in Betrieb.

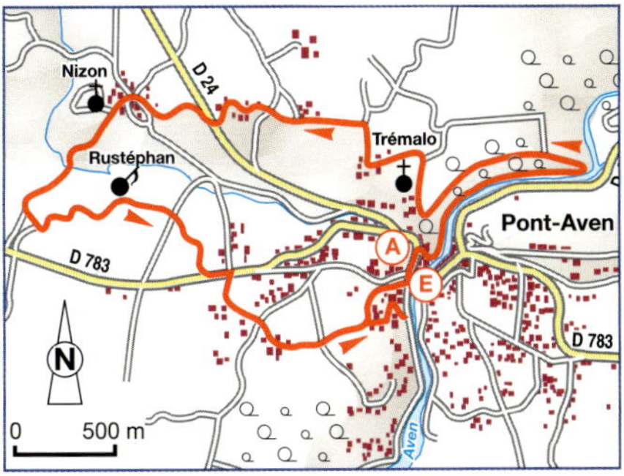

Wenn die gelbe Strich-Markierung auf einen kleinen Fahrweg trifft, weist ein Schild rechts hinauf – alleeartig von Bäumen flankiert –, oben geht es links zur schön gelegenen **Chapelle de Trémalo** (16. Jh.). Uralte Bäume stehen vor dem

Der »grüne Christus« in der Chapelle de Trémalo regte Gauguin Christusgemälde an.

Eingang. Die Kapelle ist eine Sehenswürdigkeit nicht nur wegen des hölzernen Kruzifixus (17. Jh.), der Gauguin zu dem Gemälde »Der grüne Christus« inspiriert hat, auch Drachenköpfe, Fratzen, eigenwillig interpretierte Heiligengestalten und viele andere Grotesken, alles Werke der Schule von Pont-Aven, zählen zu den Ausstattungsstücken.

Von der Kapelle geht es nordwärts (bergwärts) und oben links in aussichtsreicher Feld- und Wiesenflur hinüber in das Dorf **Nizon**. Der *Calvaire* vor der Kirche (15./16. Jh.), die dem heiligen Nizon geweiht ist, soll Gauguin zu seinem Gemälde »Der grüne Christus« (1888) inspiriert haben; die Kunstwissenschaft ist sich allerdings nicht sicher, ob tatsächlich »die drei Marien« des Calvaire von Nizon oder aber die drei Marien des Calvaire von Brasparts für dieses Bild Modell gestanden haben.

Von der Kirche leitet die Markierung kurz an der kleinen Départementstraße (D 77) südwestwärts, zweigt vor dem nächsten Weiler links ab und zieht hinüber zu den Ruinen des **Château Rustéphan**. Das alte

Gemäuer steht im Ruf, ein Spukort zu sein: Zuweilen, so heißt es, zeigt sich der Kopf eines längst verstorbenen Priesters, ein Kopf mit Feueraugen; auch ein Katafalk, umgeben von vier brennenden Kerzen, wurde gesehen. Nachts, im Mondlicht, geht Geneviève de Rustéphan, angetan mit einem Satinkleid, durch die Ruinen, singt traurige Weisen und weint. Geneviève starb an jenem Tag, als ein junger Priester seine erste Messe in der Kirche von Nizon las. Die beiden liebten sich, doch ihre Familien wollten es anders. Ein Liebeslied berichtet, wie der Priester immer wieder zum Grab von Geneviève ging und weinte.

Vom Burghügel leitet die Markierung abwärts, schwingt an der Départementstraße links, zweigt sofort rechts ab und leitet aussichtsreich zurück nach **Pont-Aven**.

Am Fuß des steilen »Liebeswald«-Hügels fließt der Aven.

16 Strandwanderung vor der Ile Raguénez

2 Std. Anstiege 100 Hm. 6 km.

Tourencharakter: *Wanderung auf Pfaden, kleinen Fahr- und Feldwegen; Bademöglichkeit.*
Beste Jahreszeit: *Außerhalb der Sommerferien.*

Plage de Raguénez – Plage de Dourveille – Kercanic – Kerstalen – Plage de Raguénez

KURZINFO

Ausgangsort: Die nächsten größeren Städte sind Concarneau und Quimperlé.

Karte: ign TOP 25, Blatt 0620 ET Quimperlé/Pont-Aven.

Unterhalb des Parkplatzes am Ostrand der **Plage de Raguénez** zieht der weiß-rot markierte Weitwanderweg als aussichtsreicher Pfad zwischen Wiesen und Strand westwärts. Direkt vor der Küste liegt die bei Ebbe zu Fuß erreichbare Felsinsel **Ile Raguénez**, während sich weiter im Westen die weit in die See hinausspringende Pointe de Trévignon zeigt. Sitzbänke laden zur Rast, um das Panorama zu bewundern und den bunten Segeln auf den Wellen vor dem Strand zuzuschauen.

Dort, wo der bei Ebbe passierbare Übergang zur Insel ist, wird das Gelände steiler und felsig. Bei guten Sichtverhältnissen und ablaufender Flut sind der Gang zur **Ile Raguénez** und die Umrundung der Felsinsel zu empfehlen, denn die Sicht dort ist einmalig weit: Draußen in der See zeigt sich im Südwesten der Glén-

an-Archipel, während im Ostsüdosten die Ile de Groix und rechts dahinter die Belle-Ile zu erkennen sind.

Auf der Ile de Loc'h im Glénan-Archipel soll einst eine Zauberin namens Gwrac'h (»Hexe«) gehaust haben, auch der Name Ile de Groix wird auf Gwrac'h zurückgeführt: die Insel der Hexe. Dieser Namensdeutung wird von anderer Seite heftig widersprochen: Der französisierte Name Ile de Groix soll nicht vom Bretonischen »Grwac'h« kommen, sondern vom Französischen »Croix«: die Insel des Kreuzes.

Nachdem die rot-weiße Markierung einen Parkplatz passiert hat, zweigt sie wieder auf den autofreien, aussichtsreichen Küstenpfad ab und zieht hinüber zur winzigen Sandstrandbucht **Plage de Dourveille**. Hier weist ein Schild rechts Richtung »Croix de Kerhoren«, die Route folgt kurz der Départementstraße, biegt in die erste kleine Straße

Blick über die Plage de Raguénez.

Anfahrt/Ausgangspunkt: Von der autobahnähnlich ausgebauten N 165 Vannes – Quimper abbiegen nach Pont-Aven; von dort über Névez nach Raguénez. Ausgangspunkt ist der Parkplatz am Ostrand des Plage de Raguénez.

Einkehr unterwegs: In Raguénez und Kerstalen.

Auskunft: Office de Tourisme, Quai d'Aiguillon, 29900 Concarneau, Tel. (2) 98 97 01 44, Fax (2) 98 50 88 81; Office de Tourisme, 16 rue de Pont-Aven, 29910 Trégunc, Tel. (2) 98 50 22 05, Fax (2) 98 97 77 60.

Der Wackelstein von Trégunc.

links ab und hält gleich wieder links. Wenn das Holzschild rechts auf einen stark überwucherten Grasweg weist, ignorieren wir dies, halten geradeaus, anschließend gleich rechts und durchwandern das Dörflein **Kercanic** mit seinen reetgedeckten Häusern und dem Ziehbrunnen.

Am Ende des Dorfs taucht wieder das Holzschild auf, weist bald nach rechts in aussichtsreiche Feld- und Wiesenflur und leitet hinüber zum **Croix de Kerhoren**, einem hohen Steinkreuz, das allerdings wenig stimmungsvoll inmitten eines Straßendreiecks steht. Von dort verweisen uns die Holzschilder zurück zur **Plage de Raguénez**.

Auf die höchsten Felsen der Schwarzen Berge

4 Std. | Anstiege 200 Hm. | 14 km.

Tourencharakter: *Wanderung auf Pfaden überwiegend im Wald; bei Nässe können einige Feldwege matschig sein..*
Beste Jahreszeit: *Ganzjährig.*

Roc'h ar Werc'hez – Bochequelen – Roc'h Toullaëron – Roc'h ar Werc'hez

Die rot-weiße Weitwanderwegmarkierung leitet vom bei »Nützliche Hinweise« näher definierten **Waldweg-Ausgangspunkt** zwischen bemoosten, efeuumrankten Eichen auf holpriger Trasse aufwärts, bis die Markierung gelber Strich rechts zur **Roc'h ar Werc'hez**, dem »Fels der Jungfrau«, abzweigt. Auf diesem aussichtsreichen Felsgipfel steht zwischen Ginsterbüschen und Brombeergerank die Statue der *Notre-Dame-des-Montagnes-Noires* (Unsere liebe Frau der Schwarzen Berge): Sie blickt in Richtung Sonnenaufgang zur Felsorgel von Toullaëron, dem höchsten Felsen der

KURZINFO

Ausgangsort: Gourin (Finistère).

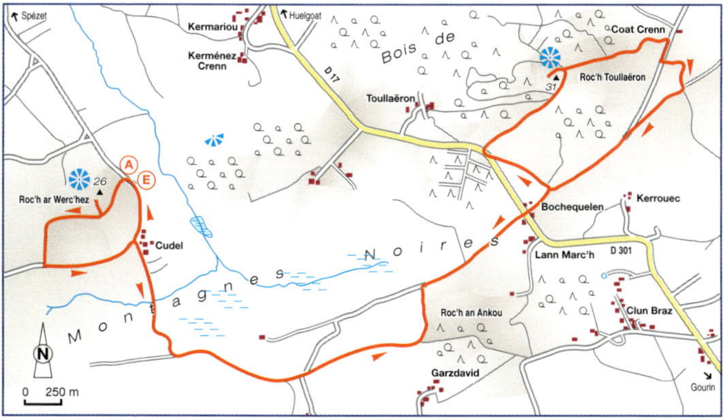

17

Anfahrt/Ausgangspunkt: Von Gourin auf der D 15 Richtung Quimper; nach knapp 8 km rechts abbiegen Richtung Spézet; kurz nachdem das Sträßchen den Kamm der Schwarzen Berge überschritten hat, rechts abzweigen auf eine noch schmalere Straße; nach einer Linkskurve beim Schild »Pierres et Paysages« links in einen Waldweg einbiegen, parken. Hier ist der Ausgangspunkt der Wanderung.

Einkehr unterwegs: Keine.

Sehens- und Wissenswertes: Der Ausgangsort Gourin am Südfuß der höchsten Erhebung der Montagnes Noires ist ein großes Pferde-, Geflügel- und Rinderzuchtzentrum.

Auskunft: Comité départemental du Tourisme, 11 Rue Théodore-Le-Hars, 29104 Quimper Cedex, Tel. (2) 98 53 09 00.

Karte: ign série bleue 1:25 000, Blatt 0618 est Gourin.

Schwarzen Berge und Ziel unserer Wanderung.

Vom Felsen führt der mit dem Zeichen rot-weiß markierte Weitwanderweg, der bald den Wald verläßt und in Feld- und Wiesenflur links zu einem Sträßchen hinabführt. Auf diesem halten wir kurz links, bis in der ersten Kurve die rot-weiße Markierung rechts abzweigt, auf einem Pfad in eine sumpfige Senke absteigt und dann den Kamm der Schwarzen Berge erklimmt. Hier geht es ostwärts weiter, bald im sonnigen Südhang, schließlich auf einer kleinen Straße. Kurz nach dem Queren der Départementstraße zeigt die rot-weiße Markierung am Ende einer Wiese nach links hinab, berührt (leider) noch einmal die Départementstraße und führt uns dann auf einem anmutigen Waldpfad zur **Roc'h de Toullaëron**, dem höchsten Gipfel der Schwarzen Berge (318 m laut topographischer Karte).

Diese Felsbastion mit ihren orgelpfeifenartig aufragenden, spitz zulaufenden Schieferformationen bietet einen hervorragenden Rundblick: Im Westen öffnet sich das fruchtbare Becken von Châteaulin am Lachsfluß Aulne, im Norden stehen die Monts d'Arrées, im Süden weitet sich das vom Fluß Ellé durchflossene Hügelland der inneren Bretagne und dacht sanft zum immer wieder beeindruckenden Atlantik ab.

Vom Felsgipfel absteigend, hält die rot-weiße Markierung an der Verzweigung geradeaus, zieht durch die Wälder zum Hof Coat Crenn, knickt hier auf dem Sträßchen rechts, zweigt gleich darauf beim Pylon links ab und mündet auf einen Matschweg. Hier wenden wir uns rechts, treffen bald auf einen staubigen Fahrweg, erreichen wieder die bekannte Route und lassen uns von der rot-weißen Markierung zum Ausgangspunkt zurückleiten.

Tristan und Isolde am Silberfluß von Huelgoat

3 Std. | Anstiege Gut 100 Hm. | 8 km.

Tourencharakter: *Wald- und Felsenwanderung; griffige Schuhsohlen sind empfehlenswert..*
Beste Jahreszeit: *Außerhalb der Ferienhauptsaison.*

Huelgoat – Grotte du Diable – Roche Tremblante – Grotte d'Artus – Camp d'Artus – Promenade du Fer à Cheval – Gouffre – La Mine – Promenade du Canal – Huelgoat

KURZINFO

Ausgangsort: Huelgoat (Finistère).

Aus der Kirche am Marktplatz von **Huelgoat** tretend, geht es rechts die Rue des Cendres hinab; unten bietet sich ein hübscher Ausblick auf den Tretboot-See, vor dessen Aus-

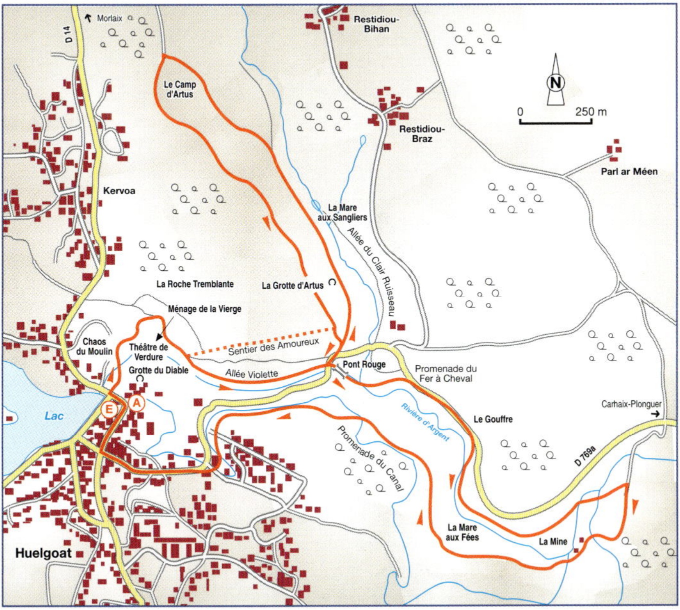

Anfahrt/Ausgangspunkt: Auf Départementstraßen ab Carhaix-Plouguer (im Südosten), Morlaix (im Norden), Quimper (im Südwesten) oder Châteaulin (im Westsüdwesten). Ausgangspunkt ist der Parkplatz auf dem Marktplatz von Huelgoat vor der Kirche.

Einkehr unterwegs: Zahlreiche Möglichkeiten in Huelgoat, saisonal hat ein Salon de Thé in der Maison de la Forêt beim Wackelstein geöffnet.

Auskunft: Office de Tourisme, Place Alphonse Penwen, 29690 Huelgoat, Tel. (2) 98 99 72 32.

Karte: ign série bleue, Blatt 0617 est Huelgoat.

fluß rechts ein schmaler Pfad abzweigt. Hier beginnt mit dem **Chaos du Moulin** (chaos = Felsenmeer) die Felsenwelt am **Silberfluß** (Rivière d'Argent); der Fluß trägt den Namen nach dem hohen Silbergehalt der umliegenden Bleiminen, die schon den römischen Besatzern bekannt gewesen sein sollen. Bei den Felsenmeeren handelt es sich nicht um mehr oder weniger kleinblockiges Geschiebe und Geröll, sondern die rundgeschliffenen Felsen erreichen gigantische Ausmaße. »Danger de mort«, warnt ein Schild: »Wer einen falschen Schritt tut, kehrt nie mehr glücklich zurück.«

Wenn der mit gelbem Strich markierte Pfad enge Durchlässe zwischen riesigen Felsblöcken passiert hat, zeigt ein Schild links hinab zur **Grotte du Diable** (Teufelsgrotte). In den Fels gehauene Stufen sowie eine schmale Eisenleiter führen hinunter in die feuchte Grotte dicht über dem Fluß, der unter den Felsen dahinrast.

Nach dem Aufstieg aus der Grotte quert die gelbe Strich-Markierung auf Felsblöcken den Fluß. Hier bietet sich ein malerischer Blick auf das ungeheuerliche Felsenchaos, das von uralten, bemoosten Buchen in exzentrischen Formen überdacht wird. **Théâtre de verdure** lautet die Bezeichnung für dieses »Theater im Grünen«.

Nun geht es – mit einigen Abstechern – immer flußabwärts, ein sehr schönes, romantisches Wegstück. Bald ist rechts **Le Ménage de la Vierge** ausgeschildert: Wer sich in die enge, kluftartige Grotte unten am Fluß zwängt, sieht in den Felsen Rinnen und Höhlungen; sie werden vom Volksmund und der Legende als Kochtöpfe, Rührlöffel und andere Werkzeuge im »Haushalt der Jungfrau Maria« interpretiert; wer das glaubt, muß sich die Jungfrau Maria als Riesin vorstellen.

Gleich bei der Grotte zweigt links ein Weg zum Salon de Thé (Einkehrmöglichkeit) ab. Oberhalb des Holzhäuschens steht im Waldhang ein gigantischer **Wackelstein** (Roche tremblante); sein Gewicht wird offiziell mit 100 Tonnen angegeben. Wackelsteine sind derart positioniert, daß sie ungeachtet ihres Gewichts durch ein leichtes Drücken an der richtigen Stelle ins Schaukeln gebracht werden können. Heute kennen »die richtige Stelle« angeblich einige Dorfjungen, die in der Hauptsaison Neugierige durch Wackeln des Steins zum Staunen bringen und sich damit ein kleines Taschengeld verdienen.

Unterhalb der Grotte und der Wackelstein-Abzweigung ist links der »Sentier des Amoureux« (Pfad der Liebenden = Tristan und Isolde) ausgeschildert. Allerdings verdient er diesen Namen nicht mehr, seit Ende der 80er Jahre Orkane den **Huelgoat** (Hochwald), den Stolz und Schmuck des gleich-

Märzschnee überzuckert die von alten Buchen geschirmten, bemoosten Granitgiganten des Felsenmeers von Huelgoat, unter dem unsichtbar der Silberfluß dahinrauscht.

namigen Dorfs, nahezu völlig abrasiert haben. Es ist daher schöner, dem Fluß auf der **Allée Violette** weiter abwärts zu folgen. Hier stehen die alten Bäume noch, das Wasser verläßt die Blockwerkzone und plätschert munter dahin.

Unten an der Straße geht es kurz links und am ersten Weg (rot-weiß markiert) wiederum links. Der Weg folgt einem bewaldeten Bachtal aufwärts (an der Verzweigung unten geradeaus) und erreicht die **Grotte d'Artus**. Über zwei Felsblöcken im Steilhang liegt ein plattiger Deckstein. Bei Regen- und Schneeschauern bietet die Grotte Unterschlupf – ein friedlicher Ort im Rauschen der Wälder. Vor dem Eingang der »natürlichen Höhle« befindet sich ein Granitblock, in dessen Oberfläche Näpfchen und Schalen eingetieft sind, einige als Doppel- und Dreierschalen: Hier hat sich »König Artus« offenbar seine Mahlzeiten zubereitet.

Der Weg hält weiter talaufwärts, kommt an **La Mare aux Sangliers** (Wildschwein-Suhle) vorbei, einer teichartigen Ausbuchtung im kristallklaren Bach mit teilweise bizarr geformtem Blockwerk. Dann geht es hinauf zum **Camp d'Artus**; in diesem umwallten Bezirk, der als gallorömisches Oppidum (befestigter Platz) gedeutet wird, soll sich das »Lager des Artus« befunden haben. Von hier leitet die rot-weiße Markierung in entwaldetem Hochland zur Straße zurück.

Nach Queren der Straße führt uns die **Promenade du Fer à Cheval** (Hufeisen-Promenade) auf einem Waldweg hoch über dem Silberfluß dahin. Wenn der Weg wieder auf die Straße mündet, läuft man kurz an dieser entlang (rechts), ehe Stufen hinab zum **Le Gouffre** (Schlund/Abgrund) führen. Hier bildet der Silberfluß eine eindrucksvolle Kaskade, die in einem »Schlund« ver-

schwindet. Wer auf den kleinen, geländergesicherten Absatz über dem Fluß hinabgeht, vernimmt ein eigentümliches Gurgeln. Die Sage erzählt, daß dieser Abgrund der Schlund von Dahud ist (vgl. Tour 28); in diesen Schlund riß die Prinzessin von Ys ihre Liebhaber hinein. Ein Hinweisschild zeigt am gegenüberliegenden Ufer zum Fels-Belvédère, auf dem Dahud gewohnt haben soll.

Oberhalb der Mare aux Fées (Feenteich) springt der Silberfluß in Kaskaden über das Blockwerk.

Vom Gouffre folgt der schmale Weg dem unsichtbar unter Blockwerk dahinfließenden Silberfluß abwärts, bald darauf gischtet er in malerischen Kaskaden hervor und beruhigt sich dann: Hier ist **La Mare aux Fées**, der Feenteich, ein schöner Ort für eine Rast. Am Ufer steht ein alter Mühlstein.

Nach und nach entfernt sich der Weg vom Fluß, schließlich wandert man rechts hinüber nach **La Mine**, einem stillgelegten Blei- und Silberbergwerk, kurz darauf wird ein kleines Wasserkraftwerk passiert, dann beginnt die **Promenade du Canal**. Längs eines im 19. Jahrhundert angelegten Wassergrabens – das Wasser diente dem Auswaschen des silberhaltigen Bleis – leitet uns die gelbe Strich-Markierung nach **Huelgoat** zurück.

19 Kammwanderung in den Monts d'Arrée

Gut 5 Std. | Anstiege 200 Hm. | 20 km.

Tourencharakter: *Überwiegend aussichtsreiche Heide- und Waldwanderung meist auf einsamen Pfaden; feste Stiefel sind empfehlenswert, da der Höhenpfad matschig sein kann.*

Beste Jahreszeit: *Ganzjährig; auch als Skiwanderung geeignet.*

Loqueffret – La Gare – La Noce de Pierres – Ménez-Mikel – Roc'h Galtz – Loqueffret

KURZINFO:

Ausgangsort: Loqueffret; einen größeren Ort in der Nähe gibt es nicht.

Anfahrt/Ausgangspunkt: Loqueffret liegt an der Départementstraße Helgoat – Quimper. Ausgangspunkt ist der Parkplatz beim Brunnen vor der Kirche.

Einkehr unterwegs: Außer in Loqueffret keine.

Vom Parkplatz vor der Kirche in **Loqueffret** geht es am Brunnen vorbei zur Straße hinauf, nach deren Querung geradeaus in eine kurze Gasse hinein, an der Gabelung rechts und dann 20 Minuten auf einem meist von Bäumen flankierten Feldweg bis zu einem Haus namens **La Gare**.

Dort zweigt links der rot-weiß markierte Weitwanderweg zum Ménez-Mikel ab. Er folgt kurz einer winzigen Fahrstraße und wechselt in der ersten Kurve auf einen Pfad, der in völliger Einsamkeit durch Ginsterbestände, Heide und Gehölze pirscht. Rechts fällt das Gelände in die weite, von erhabenen Bergkuppeln, Kämmen und Felsbastio-

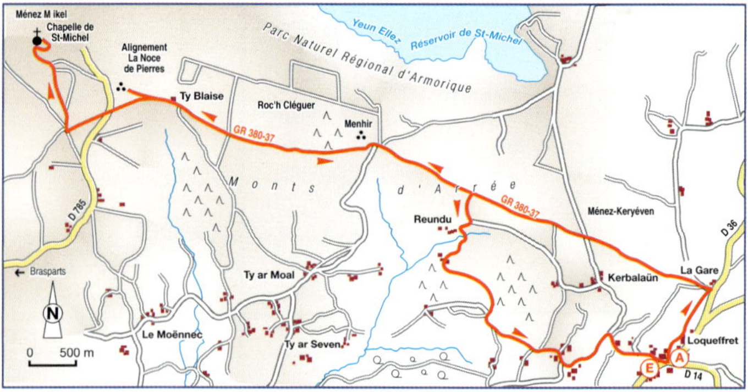

nen malerisch umkränzte Höllenmoorsenke ab. Einmal läuft der Wanderpfad unter einem Drahtwirrwarr des Kraftwerks hindurch, wenig später quert er bei einem **Menhir** eine kleine Straße, zieht dann weiter durch das einsame Hochland, rechts schiebt sich die mächtige Felsbastion des Roc'h Cléguer vor die Höllenmoor-Senke, danach kommt eine Verzweigung.

Während die rot-weiße Markierung geradeaus/halb links weiterzieht, lohnt der kleine Abstecher auf dem halb rechts abzweigenden Pfad: Er führt zum schlangenförmig gewundenen Alignement **La Noce de Pierres** (die Hochzeit der Steine). Die etwa 50 niedrigen Quarzblöcke und Menhire waren früher einmal eine frevelhafte Hochzeitsgesellschaft, erzählt die Legende. Dieser trat hier oben in der einsamen Heide ein Priester mit einer geweihten Hostie entgegen, und als die Frevler nicht vor dem Priester beiseite gingen, wurden sie auf ewig in Steine verwandelt.

Auskunft: Parc Naturel Régional d'Armorique, Ménez Meur, 29460 Hanvec, Tel. (2) 98 21 90 69.

Karte: ign série bleue, Blatt 0617 ouest Plonévez-du-Faou.

Von der Steinallee La Noce de Pierres (die Hochzeit der Steine) fällt der Blick hinauf zur aussichtsreichen Kuppe des Ménez-Mikel. Auf dem Gipfel steht eine Kapelle.

Blick auf das einstige »Höllenmoor« Yeun Ellez, wo heute eine Talsperre das Wasser staut.

La Noce de Pierres ist ein angenehmer Platz für eine Rast, ehe die rot-weiße Markierung zum Schlußspurt auf den **Ménez-Mikel** ansetzt – ein wunderbarer Ort mit einmaligem Panorama. Die steinerne *Kapelle* auf dem Gipfel ist dem heiligen Michael geweiht, sie hat keinen Altar und steht leer.

Für den Rückweg ist dieselbe Route wie beim Hinweg empfehlenswert. Ängstliche Gemüter sollten die Rückwanderung rechtzeitig antreten, sonst geraten sie in die Dämmerung, und zwischen Abend- und Morgendämmerung treiben sich vielerlei Wesen aus dem Höllenmoor in der Heide herum, heißt es: Die »nächtlichen Wäscherinnen« (sie sind hager, knochig und groß und sehr stark), der »Schwarze Mann mit dem Hund« sowie die »Weißen Männer«, die einen Sack armer Seelen über der Schulter hängen haben. Wer sich vor diesen Gestalten ängstigt (die »nächtlichen Wäscherinnen« sind als Genickbrecherinnen berüchtigt), muß dort, wo die Markierung gelber Strich nach rechts abzweigt, ebenfalls abbiegen: Der gelbe Strich verläßt die Heide, bringt uns durch einen schönen Wald und folgt dann bequemen Klein- und Kleinststraßen zum Ausgangspunkt in **Loqueffret** zurück.

Am Lachsfluß Aulne

2 Std. | Anstiege 100 Hm. | 8 km.

Tourencharakter: *Gemütliche, touristisch kaum frequentierte, aber markierte Wald-, Feld- und Wiesenwanderung im Aulne-Tal.*
Beste Jahreszeit: *Ganzjährig.*

Chapelle Saint-Exuper – Aulne – Chapelle Saint-Exuper

Die Wanderung beginnt in einer Wiesentalmulde an der einsam gelegenen **Chapelle Saint-Dispar = Chapelle Saint-Exuper** (etwa17. Jh.). Zu besichtigen ist die Kapelle nicht (verschlossen), doch das Äußere mit dem Glockenturm, dem Calvaire und den detailreich gestalteten Wänden von Schiff und Chor ist sehenswert. Unterhalb der Kapelle entspringt eine Quelle.

Vom Parkplatz an der Kapelle geht es auf einem grasigen Weg abwärts, vorbei an der gefaßten Quelle. Der Weg tritt in den Wald ein und hält weiter abwärts, begleitet vom Rauschen eines der Aulne zufließenden Bachs. Die Route weist stets die Markierung gelber Strich auf, während das gelbe X bedeutet, daß man auf der falschen Fährte ist. Bald verengt sich der Weg zum Pfad und pirscht durch verwilderten Wald aus Eichen, Edelkastanien, Tannen, Haselsträuchern, Birken, efeuumrankten Buchen und Stechpalmen.

Wenn das Gackern von Hühnern anzeigt,

KURZINFO

Ausgangsort: Châteaulin (Finistère).

Anfahrt/Ausgangspunkt: Von Châteaulin Richtung Crozon fahren, abbiegen auf die D 60 nach Dinéault, in Dinéault der Beschilderung »Picknickplatz Saint-Dispar« folgen (einen Picknickplatz gibt es dort allerdings nicht). Ausgangspunkt ist der winzige Parkplatz vor der Kapelle Saint-Dispar.

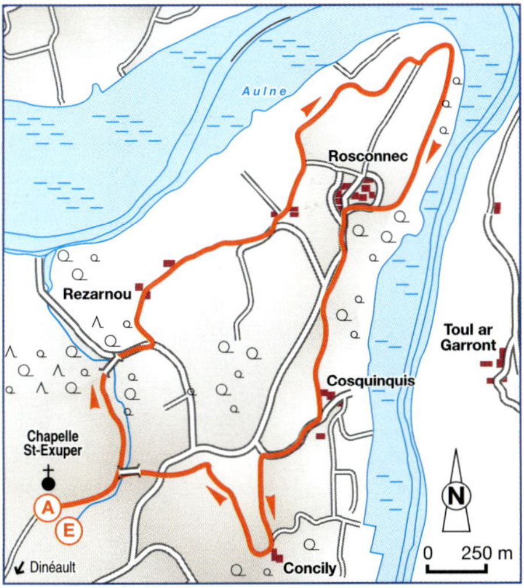

20

Einkehr unterwegs: Keine.

Sehens- und Wissenswertes: Châteaulin ist eine traditionelle Lachsfischerstadt mit hübschen Häusern entlang der Aulne-Kais. Die auf einer Felshöhe errichtete Chapelle Notre-Dame (13.–18. Jh.) mit umfriedetem Pfarrbezirk gewährt einen schönen Blick auf die Stadt und das Aulne-Tal.

Auskunft: Parc Naturel Régional d'Armorique (auch Information über Flußfahrten usw.), Ménez Meur, 29460 Hanvec, Tel. (2) 98 21 90 69; Accueil Rural Finistère (mit Unterkunfts-Information), 5, Allée de Sully, 29322 Quimper Cedex, Tel. (2) 98 52 48 00.

Karte: ign TOP 25, Blatt 0518 OT Châteaulin/Douarnenez.

daß die **Mühle von Rezarnou** nicht mehr fern ist, quert der Pfad den Bach auf einem Steg und trifft gleich darauf auf den Mühlen-Zufahrtsweg. Hier geht es aufwärts, oben an der kleinen Landwirtschaftsstraße links hinab zwischen Maisfeldern, bald mit Blick auf das breite Flußbett der Aulne, vorbei an zwei Bauernhöfen, ehe am dritten Bauernhof die Markierung gelber Strich links (!) abzweigt und durch Felder hinunter zum Ufer der Aulne führt.

Oberhalb der Uferwälder wandert man flußaufwärts, am Weiler **Rosconnec** vorbei, dann durch Gehölze und zwischen Feldern hinüber zum Hof **Cosquinquis** und weiter – stets beachten, daß die gelbe X-Markierung die falsche Route anzeigt! – zum Hof **Concily**. Dort geht es auf einem Wald- und später Feldweg sacht aufwärts, ehe nach Queren einer kleinen Straße die gelbe Strich-Markierung wieder dem einsamen Bachtal zustrebt. Nach Überschreiten einer morschen Holzbrücke links ist wenige Minuten später wieder die **Chapelle de Saint-Dispar** erreicht.

Romantische Laubwaldpfade ziehen von der Chapelle Saint-Exuper hinab zum Lachsfluß Aulne.

Ménez-Hom — Olymp der Bretagne

21

Gut 2 Std. Anstiege 200 Hm. 8 km.

Tourencharakter: *Kleine, überaus aussichtsreiche »Bergwanderung«.*
Beste Jahreszeit: *Bei klarer Sicht prinzipiell ganzjährig; im Winter kann Schnee liegen.*

Sainte-Marie du Ménez-Hom – Hielc'h – Ménez-Hom – Sainte-Marie du Ménez-Hom

KURZINFO:

Ausgangsort: Quimper (Finistère).

Auskunft: Office de Tourisme, Place de la Résistance, 29000 Quimper, Tel. (2) 98 53 31 33.

Karte: ign TOP 25, Blatt 0518 OT Châteaulin/Douarnenez.

Die Wanderung beginnt an der Kapelle **Sainte-Marie-du-Ménez-Hom**. Die *Kapelle* steht in einem umfriedeten Pfarrbezirk (1739), den dreisockligen *Calvaire* gestaltete Jean Alonder (1544). Eine früher als wundertätig angesehene Quelle liegt wenige Minuten weiter nördlich (an der D 47), ist aber von Gestrüpp überwuchert. Von ihrer Heil- und Wunderkraft wissen Sagen und Legenden zu berichten.

Den Pfarrbezirk verlassend, gehen wir kurz an der kleinen Straße (D 47) entlang Richtung Dinéault und zweigen nach der ersten Rechtskurve links auf einen Pfad ab, der im weitgehend entwaldeten Südhang des Ménez-Hom aufwärts hält und als steil empfunden werden kann, da er der Fallinie folgt. Links rundet sich der Hielc'h, der südwestliche Vorberg des Ménez-Hom.

Nach einer knappen ½ Stunde – etwa auf der Höhe der sanften Einsattelung

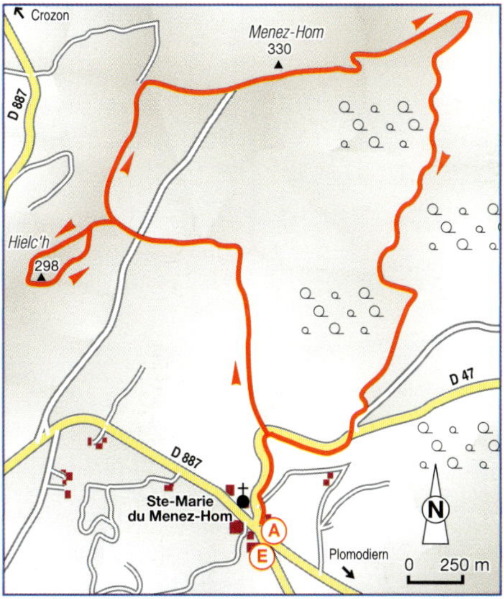

21

Anfahrt und Ausgangspunkt: Das Dorf Ménez-Hom liegt nördlich von Plomodiern, nordnordwestlich von Quimper, westlich von Châteaulin und nordöstlich von Douarnenez und ist von den genannten Städten jeweils auf Départementstraßen zu erreichen. Ausgangspunkt ist die Kirche Sainte-Marie-du-Ménez-Hom.

Einkehren unterwegs: Zwei Restaurants bei der Kirche von Sainte-Marie-du-Ménez-Hom , in der Hauptsaison bieten fliegende Händler am Gipfel des Ménez-Hom Erfrischungsgetränke feil.

Sehens- und Wissenswertes: Die Hafenstadt Quimper ist Verwaltungssitz des Département Finistère; den Mittelpunkt der sehr schönen, in ihrer Ursprünglichkeit erhaltenen Altstadt bildet die gotische Kathedrale Saint-Corentin. An Mariä Himmelfahrt (15. August) findet auf dem Ménez-Hom ein großes Gipfelfest statt.

zwischen Hielc'h und Ménez-Hom – zweigt links ein Pfad ab, der aussichtsreich den Hang quert und auf die Ménez-Hom-Zufahrtsstraße stößt; dank des baumfreien Heidegeländes ist alles gut sichtbar. Nach Queren der Straße führt ein steiniger Weg auf die Kuppe des **Hielc'h** – ein phänomenaler Aussichtsberg, der sich ausgezeichnet für eine Rast eignet.

Unten erstrecken sich die Sandstrände im Inneren der Bucht von Douarnenez, in deren Südwestbereich die Ile Tristan vor der Stadt Douarnenez zu erkennen ist, während sich im Hinterland das fruchtbare Cornouaille weitet. Den Norden der Bucht begrenzt die Halbinsel von Crozon, die weit in den Atlantik hinausgreift und nach Süden eine zweite Halbinsel schickt, die im Cap de la Chèvre endet. Im Nordwesten zeigen sich jenseits der Rade von Brest die Hochhäuser des gleichnamigen Hafens, während im Osten die Berge und Rücken der Montagnes Noires (halb rechts) und der Monts d'Arrée stehen. Der Hielc'h ist fast ganz von Heidevegetation bedeckt, durch die Heide zieht sich im Gipfelbereich ein Steinkreis. Wie es heißt, sind diejenigen, die unversehens in diesen Kreis geraten, bis zur Dämmerung darin gebannt.

Nach Umrunden der Hielc'h-Kuppe leitet der Weg zurück in den Sattel zwischen Hielc'h und Ménez-Hom. Hier geht ein Pfad ab, der in etwa nördlicher Richtung aufwärts hält und bald auf den Weitwanderweg GR 34/GR 37 trifft: Er leitet, rot-weiß markiert, zum Gipfel des **Ménez-Hom**. Eine Panorama-Orientierungstafel benennt die Punkte im Blickfeld.

Wie auf dem Hielc'h läßt sich auch auf dem Ménez-Hom stundenlang Pause machen und schauen; obwohl eine Straße bis dicht unter den Gipfel führt, findet sich immer irgendwo ein Plätzchen, an dem man seine Ruhe hat. In den westnordwestlichen Ausläufern des Ménez-Hom soll das Grab

Der Gipfel des Ménez-Hom ist ein vielbesuchtes Gleitschirmparadies. Rechts unten schimmert der Lachsfluß Aulne, links hinten ist die Rade von Brest zu erkennen.

21

Die umfriedete Kirche Notre-Dame-du-Ménez-Hom mit ihrem Calvaire von 1544 bildet den Ausgangspunkt für die Panoramawanderung auf den Ménez-Hom.

König Markes liegen, des Königs von Cornwall = Cornouaille. Eigentlich wollte der Herrgott den König wegen dessen sündigem Lebenswandel zu ewiger Verdammnis verurteilen, aber da Marke stets die Jungfrau Maria verehrt hatte, bat diese den Herrgott, das Urteil zu mildern. Und so sperrte er den König Marke in das Grab und sagte: »Sobald Marke von seinem Grab aus den Kirchturm von Sainte-Marie sieht, wird er ins Himmelreich eingehen«.

Nach der Rast folgen wir der rot-weißen Markierung mit schönem Aulne-Tal-Blick ostwärts, vorbei an Bunkern aus der Zeit des Zweiten Weltkriegs, biegen dann mit dem Weitwanderweg rechts ab und kehren zurück nach **Sainte-Marie-du-Menez-Hom**.

Locronan — der Heilige und die Hexe

3 Std. | Anstiege unter 200 Hm. | 8 km.

***Tourencharakter:** Wanderung auf Wegen und kleinen Sträßchen.*
***Beste Jahreszeit:** Prinzipiell ganzjährig, am interessantesten von Mittsommer bis zum dritten Julisonntag.*

Locronan – Plas-ar-C'horn – Chapelle Saint-Thélau – Croaz Keben – Kazeg Ven – Locronan

Die Wanderung beginnt auf dem großen Platz im Zentrum von **Locronan** vor der Ronan-Kirche und der Penity-Kapelle. Der kopfsteingepflasterte Platz mit seinen spätmittelalterlichen und Renaissance-Gebäuden bildet ein architektonisch einmaliges Ensemble. Die *Eglise de Saint-Ronan* (15. Jh.) und die *Chapelle du Penity* (16. Jh.) sind miteinander verbunden; in der Kapelle befinden sich das Grab des heiligen Ronan und die aus Messing gefertigte Gong-Glocke.

In der Nacht auf den 1. Mai wird auf dem Platz vor der Kirche alljährlich eine Buche gepflanzt. An Sankt Johannis (24. Juni bzw.

KURZINFO:

Ausgangsort: Locronan (Finistère).

Anfahrt/Ausgangspunkt: Ab Quimper der Ausschilderung nach Locronan über Départementstraßen nach Nordwesten folgen. Ausgangspunkt ist der Großparkplatz am westlichen Ortseingang von Locronan.

Einkehr unterwegs: Nur in Locronan.

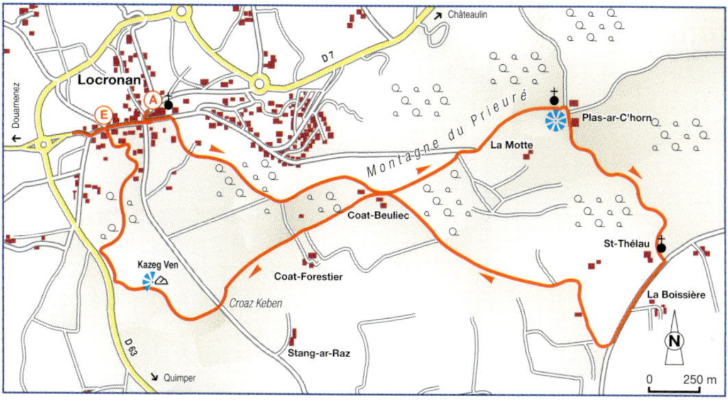

22

Sehens- und Wissenswertes: Lacronan ist der wohl berühmteste Wallfahrtsort der Bretagne. Am zweiten Julisonntag findet die kleine Troménie, eine berühmte Wallfahrt, statt; alle sechs Jahre (2001, 2007 usw.) kann man die große Troménie miterleben. Am dritten Julisonntag wird die kleine Troménie ebenfalls durchgeführt, aber weniger feierlich. Zwischen diesen beiden Sonntagen machen viele Pilger die Troménie individuell, auch nachts (barfuß und schweigend).

Auskunft: Comité départemental du Tourisme, 11 Rue Théodore-Le-Hars, 29104 Quimper Cedex, Tel. (2) 98 53 09 00.

Karte: ign TOP 25, Blatt 0518 OT Châteaulin/Douarnenez.

Sonnabend danach) wird sie umgehauen und mit ihren Ästen das Sonnenwend- bzw. Johannisfeuer entzündet.

Aus der Kirche Saint-Ronan tretend, wenden wir uns links und sofort wieder links, spazieren über den Friedhof – schöner Blick auf den Chor der Kirche –, verlassen ihn, gehen analog verschiedener Markierungen rechts hinauf auf einem Weg und biegen an der Verzweigung oben am Waldrand halb links aufwärts auf einen Waldweg ab. Still zieht er durch den Wald, nimmt bald den rechts durch einen Hohlweg heraufführenden rot-weiß markierten Weitwanderweg auf, an der nächsten Verzweigung (beim Campingplatz) geht es links, bald überaus aussichtsreich in Wiesen. Dann ist bei einem Steinkreuz die kleine Fahrstraße (die sogenannte Römerstraße) erreicht, die mit sehr schönen Ausblicken zum Gipfel der **Montagne de Locronan** führt. In den Wiesen vor der *Gipfelkapelle* (geöffnet nur bei der Troménie) bietet sich eine wunderbare Sicht.

Wir folgen dem Stichsträßchen noch wenige Meter und biegen danach entsprechend der gelben Markierung rechts ab. Im bewaldeten Südhang leitet die Markierung hinab zur **Chapelle Saint-Thélau** (11. Station); Thélau wird als Heiliger der Hirsche verehrt. Nun geht es auf der kleinen Fahrstraße in aussichtsreicher Feld- und Wiesenflur abwärts, an der ersten Verzweigung rechts hinauf, auf halber Hanghöhe mit der blauen Strich-Markierung links weiter aufwärts zur bekannten römischen Gipfelstraße. Ihr folgen wir abwärts, ohne uns um Markierungen zu kümmern, und erreichen **Croaz Keben** (12. Station), das Kreuz von Keben. Hier soll Keben von der Erde verschlungen worden sein. Es ist das einzige Kreuz auf der Welt, vor dem ein Bretone nicht seine Kopfbedeckung abnehmen muß.

Gegenüber dem Kreuz öffnet sich in der Buschhecke eine Lücke. Wenn die Tromé-nie stattfindet, ist es kein Problem, hier weiterzugehen, zu anderen Jahreszeiten kann der Weiterweg ab hier gesperrt sein (dann geht es rechts zurück nach Locronan). Im Winter schlüpft man durch die Lücke, wandert halb rechts über ein Stoppelfeld und hält auf eine weitere Lücke in der Buschhecke am jenseitigen Ende des Feldes zu. Dort beginnt ein schmaler Graspfad. Er erreicht nach wenigen Minuten den Felsblock **Kazeg Ven**, den sogenannten Stutenstein.

Der Felsen wird auch *Kador sant Ronan* genannt: Stuhl des heiligen Ronan. Ein sehr schöner, harmonischer Ort am Waldrand mit weiter Aussicht auf die Bucht von Douarnenez. Bei dem Felsblock handelt es sich um jenes Steintrog-Schiff, in dem der heilige Ronan von Irland aus übers Meer geschwommen ist. In Locronan verwandelte sich das Schiff in den Schalenfelsen, wie er bis heute zu erleben ist. Vom Stutenstein zieht der Pfad hinab zur Départementstraße; an ihr geht es kurz rechts, dann biegt ein Waldpfad ab, der nach Locronan zurückführt.

Der von einer Kapelle überhöhte, aussichtsreiche Gipfel des Wallfahrtsbergs von Locronan heißt Plas-ar-C'horn: Horn-Platz. Archäologische Grabungen haben hier Kultstatuen gehörnter Gottheiten aus gallo-römischer Zeit zutage gefördert.

23 Zum Stangala über dem Odet-Tal

3 Std. | Anstiege 200 Hm. | 8 km.

Tourencharakter: *Streckenwanderung auf Pfaden überwiegend im Wald.*
Beste Jahreszeit: *Ganzjährig, außer bei Schneelage.*

Odet – Stangala – Odet

KURZINFO:

Ausgangsort: Quimper (Finistère).

Anfahrt/Ausgangspunkt: Von Quimper auf der D 15 Richtung Ergué-Gabéric fahren; nach wenigen Kilometern links abbiegen Richtung Lestonan-Odet. In Lestonan-Ortsmitte rechts weiter nach Odet bis zum großen Sägewerk, dort ist eine ganz schmale Kurve. Parken auf dem Großparkplatz vor dem Sägewerk; hier Ausgangspunkt.

Einkehr unterwegs: Keine.

Sehens- und Wissenswertes: Die Hafenstadt Quimper ist Verwaltungssitz des Département Finistère. Mittelpunkt der sehr schönen, in ihrer Ursprünglichkeit erhaltenen Altstadt ist die gotische Kathedrale Saint-Corentin.

Der Ausgangspunkt beim Sägewerk in **Odet** ist wenig einladend, aber das ändert sich sofort. Links der sehr schmalen Kurve zweigt bei Wanderschildern, die das Mountainbiking auf dem Pfad verbieten und »Gefahr« signalisieren, der rot-weiß und mit gelbem Strich markierte Pfad ab; dieser steigt unverzüglich in den Steilhang über dem Tal des Odet ein. Nach kurzem, recht steilem Anstieg zieht der Pfad geruhsam auf der Höhe der bewaldeten Talflanke dahin, verläuft schließlich zum Fluß hinunter und folgt seinem Ufer.

Wenig später biegt die gelbe Strich-Markierung links ab, und man erklimmt in schweißtreibendem Anstieg den **Stangala**-Felssporn, der als Naturdenkmal unter Schutz steht. Der Fußabdruck des heiligen Eloi findet sich hinten am Ende des Gehgeländes. Man kan dort schön auf den sonnigen Felsen sitzen und rasten und dem

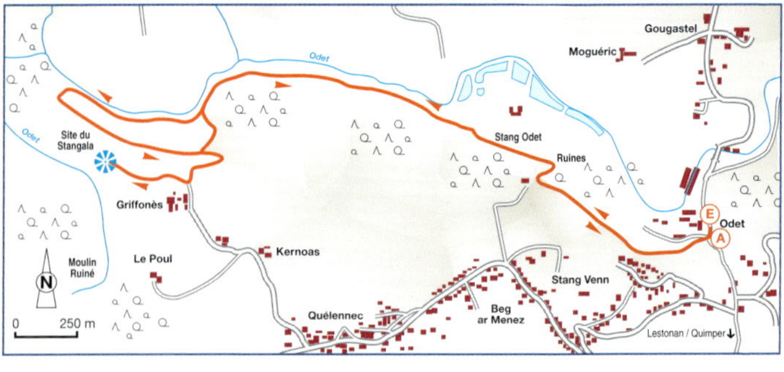

Rauschen des Flusses im Tal lauschen. Der Ausblick ist harmonisch, bewaldete Hügel verdecken die Sicht auf die Outskirts von Quimper, im Nordwesten schweift der Blick bis zum Berg von Locronan (Tour 22). Was Eloi veranlaßt hat, über den Fluß zu springen, ist nicht bekannt; vielleicht wollte er nicht hinter jener athletischen Jungfrau zurückstehen, die unterhalb von Quimper über den Odet gesprungen war; der Fels, von dem aus sie sprang, heißt Saut de la Pucelle (Jungfernsprung).

Vom Stangala kehren wir mit der gelben Strich-Markierung zurück, bleiben jedoch beim Abstieg auf dem breiten Waldweg (an der Verzweigung links), bis die rot-weiße Markierung kreuzt und (rechts) nach **Odet** zurückleitet.

Der Stangala-Felssporn hoch über dem Odet-Tal. Am Horizont rundet sich der Berg von Locronan.

Auskunft: Comité départemental du Tourisme, 11 Rue Théodore-Le-Hars, 29104 Quimper Cedex, Tel. (2) 98 53 09 00.

Karte: ign série bleue 1:25 000, Blatt 0618 ouest Châteauneuf-du-Faou; besser zusätzlich Karte ign TOP 25 Blatt 0519 ET Quimper.

24 Pointe de la Torche — Dünen, Quellen, Kalvarien

5 Std. Anstiege 100 Hm. 20 km.

Tourencharakter: *Strandwanderung am Spülsaum sowie Binnenlandwanderung auf Feldwegen und kleinen Fahrwegen.*
Beste Jahreszeit: *Außerhalb der Sommerferien.*
Weglänge: *Die Wanderung ist teilbar in eine Nord- und eine Südroute.*

Nordroute: **Pointe de la Torche – Plage de Tronoan – Notre-Dame de Tronoan – Chapelle de Beuzec – Pointe de la Torche;**
Südroute: **Pointe de la Torche – Chapelle de la Madeleine – Marais de Lescors – Plage de Porz Carn – Pointe de la Torche**

KURZINFO:

Ausgangsort: Quimper (Finistère).

Anfahrt/Ausgangspunkt: Von Quimper auf der D 785 via Pont-l'Abbé Richtung Pointe de Penmarc'h fahren und in Plomeur Richtung La Torche abbiegen. Ausgangspunkt sind die Großparkplätze vor der Pointe de la Torche.

Einkehr unterwegs: An der Pointe de la Torche, bei der Kirche Notre-Dame de Tronoan und in Saint-Guénolé.

Sehens- und Wissenswertes: Bittprozessionen: Notre-Dame de Tronoan am dritten Septembersonntag, Chapelle de la Madeleine am dritten Julisonntag, Chapelle de Beuzec am zweiten.

Nordroute

Nach Umrunden der Felszunge **Pointe de la Torche** (bretonisch: Beg an Dorchen = Landzunge des Hügels) – hier bietet sich ein hervorragender Rundblick – gibt der Spülsaum an der **Plage de Tronoan** am Fuß der Dünen die Route vor. Es ist ein wunderschönes Wegstück im Tosen der See. Kurz vor einem düsteren Hitlerbunker, der das schöne Strandbild stört, öffnet sich rechts ein Durchlaß zwischen den unter Naturschutz stehenden Dünen, auf denen der Strandhafer weht. Hier geht es hinauf und auf der kleinen Zufahrtsstraße in offener Wiesenflur hinüber zur weithin sichtbaren Kirche von **Tronoan**. Kurz vor Erreichen der Kirche ist rechts des Wegs die zu jeder bretonischen Kirche oder Kapelle gehörige Quelle sichtbar: Das Wasser tritt ungefaßt zutage und bildet einen kreisförmigen Quellsumpf.

Kirche und Calvaire von *Notre-Dame de Tronoan* erheben sich isoliert in einem von wenigen Einzelhöfen geprägten Niemandsland, das außerhalb der Wassersportsaison als karg und einsam empfunden werden kann. Ausgerechnet hier steht der älteste (1450–1460) Kalvarienberg der Bretagne und einer der berühmtesten. Die bekannteste Gestalt des figurenreichen Calvaire ist Notre Dame: Sie liegt mit aufgelösten langen Haaren im Kindbett, einem Lager aus Weidengeflecht; während ihr Oberkörper nackt ist, ist der Unterkörper verhüllt. Rechts steht neben den Heiligen Drei Königen das Jesuskind, das schon ziemlich groß

Auskunft: Comité départemental du Tourisme, 11 Rue Théodore-Le-Hars, 29104 Quimper Cedex, Tel. (2) 98 53 09 00.

Karte: ign TOP 25, Blatt 0519 OT Pont-l'Abbé/Pointe de Penmarc'h.

Mit aufgelösten Haaren liegt die Gottesmutter im Kindbett, am Fußende steht – schon recht groß – das neugeborene Jesuskind, rechts nähert sich einer der Heiligen Drei Könige und überbringt seine Gabe. Relief am Calvaire der Wallfahrtskirche Notre-Dame-de-Tronoan.

ist, links lehnt sich der Nährvater Joseph in müder Geste auf einen Stock. Das Relief befindet sich auf der Nordseite, die im christlichen Mittelalter als die »böse« Seite galt.

Von der Kirche geht es auf der kleinen Straße abwärts, dann links mit der gelben Strich-Markierung – bald zeigt sich rechts in den Feldern ein hoher Menhir – zur **Chapelle de Beuzec**. Die dem heiligen Budoc (vgl. Tour 32) geweihte, umfriedete Kapelle mit kleinem Calvaire ist ein schöner Ort für eine Rast im Gras unter alten Bäumen. Die Kapelle stammt aus dem 12. Jahrhundert; vom alten Bau ist allerdings nur der Chor erhalten, das Schiff stürzte im 19. Jahrhundert ein (erneuert). Östlich der Kapelle steht eine christianisierte *keltische Stele*.

Von der Kapelle geht es rechts weiter (Richtung »Atelier Morgane«); erst rechts, dann leiten Feldwege zurück zur **Pointe de la Torche**.

Südroute

Auf der Zufahrt zur **Pointe de la Torche** geht es kurz landeinwärts, an der ersten Straße rechts und gleich links ab auf einen Feldweg mit der Markierung blauer Strich. Der Weg durchzieht Felder und Wiesen, mündet bei einem Menhir auf eine kleine Fahrstraße, folgt ihr rechts am Campingplatz vorbei, dann zweigt die gelbe Strich-Markierung links auf einen Feldweg ab und zieht zur **Chapelle de la Madeleine** – ein angenehmer Rastplatz im Grünen.

Die Kapelle wurde im Jahr 1410 bei zwei Quellen errichtet, das moderne Kirchenfenster »Jesus und die Sünderin Maria Magdalena« schuf Jean Bazaine, einer der bedeutendsten französischen Maler des 20. Jahrhunderts.

Bei der Quelle vor dem westlichen Kapelleneingang zieht ein Pfad westwärts zu einem Feldweg. Hier geht es kurz rechts und sofort links, bald darauf an der Straße wieder links, bis beim Kapellenquellenbach die Markierung grüner Strich rechts in die Felder und Wiesen taucht. Wenn bald darauf erneut eine Verzweigung erreicht wird, gibt es zwei Möglichkeiten: abkürzend westnordwestwärts zum Strand **Plage de Porz Carn** oder aber südwestwärts durch das Sumpfgebiet **Marais de Lescors** und, immer der Markierung und Ausschilderung folgend, zum Vorgeschichtsmuseum von **Saint-Guénolé**. Von dort wandert man an der **Plage de Porz Carn** zurück zur **Pointe de la Torche**.

Auf der Pointe de la Torche.

25 Das Vogelparadies am Cap Sizun

20 Min. bzw. 3 Std. | Anstiege unter 100 Hm bzw. 200 Hm. | 1 km bzw. 12 km.

***Tourencharakter:** Bequemer, aussichtsreicher Naturlehrpfad in Heidelandschaft über der Steilküste. Verlängerte Variante auf Küstenpfad.*

***Beste Jahreszeit:** Wer nur der Vögel wegen kommt: Mitte April bis Mitte Juli; das Naturschutzgebiet ist vom 1. 4. bis 31. 8. geöffnet, im Sommer 10–18 Uhr, im Vorsommer 10–12 und 14–18 Uhr.*

Réserve Naturelle de Goulien

KURZINFO:

Ausgangsort: Douarnenez (Finistère).

Anfahrt/Ausgangspunkt: Das Cap Sizun ist über die D 7 Douarnenez – Pointe du Van zu erreichen; bei dem Weiler Interridi ist das Naturschutzgebiet (»Réserve Naturelle«) ausgeschildert.

Einkehr unterwegs: Keine.

Wer meint, daß ein Naturlehrpfad von einem Kilometer Länge in 10 Minuten abzuhaken sei, der irrt: Die Naturschauspiele, die Landschaft, die Klippen und Felsriffs im Meer – das alles ist so wunderbar, daß eine Stunde nur das mindeste an zu veranschlagender Zeit ist. Das gilt nicht nur für die Schönwetterzeit. Auch wenn es regnet und wenn Wolken tief über See und Land ziehen, strahlt das, was auf diesem einen Kilometer alles zu erleben ist, einen unvergeßlichen Zauber aus.

Der ausgeschilderte Pfad ist vorgegeben, von ihm darf nicht abgewichen werden. Begleitet von Lehrtafeln, die die Flora und Fauna der Heide erläutern, zieht er sacht abwärts zu den gigantischen Felswänden über dem Meer. Die Aussicht ist einzigartig. Wer genauer hinsehen will, kann durch ein

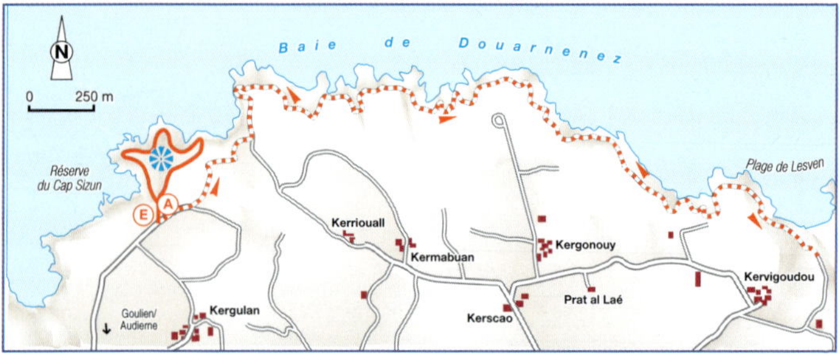

Münzfernglas die Vögel, die zu Tausenden die Felsinseln bevölkern, beobachten.

Wer auch Fragen hat, kann sich an die Frauen und Männer der Naturschutzgebietsverwaltung wenden, die zu diesem Zweck ständig unterwegs sind.

Der Pfad zieht am Rand der Felsabstürze weiter und erreicht eine Ecke mit drei langen Hölzern, die als Sitzbänke gedacht sind: ein feiner Rastort mit ausgezeichnetem Blick auf das tosende Meer. Schließlich erklimmt der Pfad eine Felsbastion mit traumhaftem Schwebe-Tiefblick durch die Felswände, an deren Fuß die Brandung schlägt. Wenig später ist wieder der Ausgangspunkt erreicht.

Wer die Wanderung verlängern will, folgt – wie auf der Karte als Variante eingezeichnet – dem Feldweg zur Steilküste hinab und biegt dort rechts auf den Küstenpfad ab. Es ist allerdings geplant, auch diesen Küstenabschnitt in das Naturschutzgebiet einzubeziehen und mit einem saisonalen Begehungsverbot zu belegen.

Die Granitklippen vor dem Cap Sizun sind Rast- und Brutstätten für Zehntausende von Vögeln.

Auskunft: Réserve Biologique Michel-Hervé Julien, Chemin de Kérisit, 29770 Goulien, Tel. (2) 98 70 13 53; Office du Tourisme, rue Docteur-Mevel, 29100 Douarnenez, Tel. (2) 98 92 13 35.

Karte: ign TOP 25, Blatt 0419 ET Audierne/Pointe du Raz.

26 Zur Pointe du Raz

4 Std. Anstiege 100 Hm. 13 km.

Tourencharakter: *Bequeme, aussichtsreiche Wanderung durch Heidelandschaft über der Steilküste; ratsam sind feste Bergstiefel, Schwindelfreiheit und etwas Kletterkönnen.*

Beste Jahreszeit: *Ganzjährig.*

Baie des Trépassés – Pointe du Raz – Port Bestrée – Lescoff – Baie des Trépassés – Pointe du Van – Baie des Trépassés

Die südseitigen Flanken der Pointe du Raz mit der »Hölle von Plogoff«.

Die Wanderung beginnt am Sandstrand der **Baie des Trépassés** (Bucht der Dahingeschiedenen), die zwischen Pointe du Raz (links in Sicht) und Pointe du Van in die Sizun-Halbinsel einschneidet. Ungehindert rollt die Brandung ins Innere der sich zum Atlantik öffnenden Bucht; jung und alt stehen zu Hunderten in der Brandung und tanzen in den Wellen.

Vom Sandstrand folgen wir wenige Dutzend Schritte der Straße pointe-du-raz-seitig aufwärts und biegen in den ersten Weg rechts ein. Er führt an zwei einsamen Häusern und zwei Hitlerbunkern vorbei, mündet auf den Steilküstenpfad und zieht in karger Landschaft hinüber zur **Pointe du Raz**.

Wer die Wanderung in der Hauptsaison unternimmt, darf sich nach der einsamen Steilküstenetappe nicht erschrecken

lassen: Das Faszinosum der Pointe du Raz ist nicht dort zu erleben, wo alles schwarz von Touristen ist, sondern in den schwindelerregenden Felsflanken über der tosenden See – und dort kommen nicht viele hin, auch wenn einige Passagen drahtseilgesichert sind. Das brüllende Meer übertönt alles, »Enfer de Plogoff«, »Hölle von Plogoff«, wird das rasende Tosen am Südfuß des Pointe-du-Raz-Felssporns genannt. Über dieser »Hölle« kann man stundenlang rasten, ohne gestört zu werden. Möwen schreien, im Westen zeigen sich vor der Pointe du Raz Felsinseln, von denen einige Leuchttürme tragen, weiter draußen liegt die Insel Sein.

Von der Pointe du Raz folgen wir dem Südküstenpfad ostwärts, überschreiten an

KURZINFO:

Ausgangsort: Audierne (Finistère).

Anfahrt/Ausgangspunkt: Ab Quimper bzw. Douarnenez der Richtungsangabe nach Audierne folgen. Ab Audierne gibt es nur noch eine Straße; man verläßt sie in Lescoff kurz vor der Pointe du Raz und biegt rechts zur Baie des Trépassés ab. Dort finden sich bei den beiden Hotels große Parkplätze, die als Ausgangspunkt dienen.

Einkehr unterwegs: Zwei Hotel-Restaurants am Ausgangspunkt, »Cité de Commerce« mit diversen Einkehrmöglichkeiten an der Pointe du Raz, saisonal ambulante Erfrischungsgetränke- und Café-Verkäufer an der Pointe du Van.

Auskunft: Office de Tourisme, BP 46, 29770 Audierne, Tel. (2) 98 10 12 20.

Karte: ign TOP 25, Blatt 0419 ET Audierne/Pointe du Raz.

Lachmöwen, Kormorane und andere selten gewordene Vögel sind nicht nur am Cap Sizun, sondern auch in den Felsen an der Pointe du Raz zu beobachten.

dem winzigen Hafen **Bestrée** ein Sträßchen und zweigen in der nächsten Bucht vom Küstenpfad links auf einen Weg ab, der landeinwärts in das Dorf **Lescoff** führt. Wir benutzen die Nebenstraße (die erste rechts abzweigende Straße), folgen ihr zur Hauptstraße, queren sie, halten links und biegen sofort rechts ein (Schild »Laoual«). Das stille Sträßchen führt zurück zur Bucht der Dahingeschiedenen.

Nach einer Pause in der Bucht geht es auf dem Küstenpfad nordwärts zur **Pointe du Van**. Es ist wiederum eine einsame Wanderung mit phantastischen Blicken aufs Meer und auf die Felsen hinab. Einer der interessantesten Punkte ist die Umgebung der *Chapelle Saint They*, errichtet im 15. Jahrhundert auf einem Felsvorsprung über dem tosenden Meer. Bemerkenswert sind die beiden gefaßten und mit Kreuzen bezeichneten Quellen in unmittelbarer Nähe der Kapelle; ihr Wasser soll einst als heilkräftig verehrt worden sein.

Zurück zum Ausgangspunkt an der **Baie des Trépassés** gelangt man abschließend wieder auf dem Herweg.

Cap de la Chèvre — das Kap der Ziege

4 Std. Anstiege 200 Hm. 14 km.

Tourencharakter: *Aussichtsreiche Heide- und Felspfadwanderung.*
Beste Jahreszeit: *Ganzjährig, außer bei Schneelage.*

Saint-Hernot – Pointe de Saint-Hernot – Pointe du Dolmen – Cap de la Chèvre – Plage de la Palue – Kerdreux – Saint-Hernot

KURZINFO:

Ausgangsort: Crozon (Finistère).

Anfahrt/Ausgangspunkt: Ausgangspunkt ist der Parkplatz neben dem Musée minéralogique in Saint-Hernot auf der Halbinsel Crozon an der Départementstraße von Crozon zum Cap de la Chèvre.

Ortsausgangseitig neben dem Gebäude des *Musée minéralogique* in **Saint-Hernot** zweigt ein anfangs mit gelbem Strich gekennzeichneter Weg ab (die Markierung an der nächsten Wegekreuzung nicht beachten, sondern geradeaus gehen!) und zieht einsam durch verwildernde Feld- und Wiesenflur zur Steilküste über der Baie de Douarnenez, diese an der aussichtsreichen **Pointe de Saint-Hernot** erreichend.

Mit prachtvollem Blick auf die Bucht, auf den dahinter im Osten aufragenden Ménez-Hom (vgl. Tour 21) – weiter rechts der Berg von Lacronan (vgl. Tour 22) – und auf die Küste von Cornouaille folgt der Pfad der bizarr verwitterten Steilküste südwärts, teils in Heidevegetation, teils in Gehölzen, passagenweise begleitet von Steinlesewällen, ehe die Landzunge **Pointe de Rostudel** zur Rast lädt.

Danach geht es in stetem Auf und Ab weiter oberhalb der Klippen, nach Durchschreiten ei-

Einkehr unterwegs: Crêperie in Saint-Hernot.

Auskunft: Office de Tourisme, Boulevard de la Plage, 29160 Crozon, Tel. (2) 98 27 07 92.

Karte: ign TOP 25, Blatt 0418 ET Camaret/Presqu'île de Crozon.

nes kleinen, steilen Tals (mit einer Quelle) wird die **Pointe du Dolmen** passiert, in deren Felsen das Meer die Grotte de l'Eglise (Kirchengrotte) ausgewaschen hat. Der Dolmen, nach dem die Spitze benannt ist, steht bei dem gleich darauf erreichten Dorf **Keravel**. Das Dorf bleibt rechts liegen, der Pfad weicht kurz auf die Straße aus und kehrt dann zur Küste zurück, die hier die kleine **Anse Saint-Nicolas** (Bucht von Saint-Nicolas) bildet. Wenn der stellenweise stark von Ginster überwucherte Pfad bald darauf in der Nähe einer Quelle eine efeuumrankte Ruine passiert hat, ist das eigentliche **Cap de la Chèvre** erreicht.

Man sollte nicht darauf fixiert sein, das Cap de la Chèvre dort zu suchen, wo sich neben einem Großparkplatz der weithin sichtbare Marinefunkturm reckt: Die gesamte Südspitze ist das Cap de la Chèvre, und es ist besser, sich so bald wie möglich einen aussichtsreichen Rastplatz zu suchen, als damit zu warten und in Nähe des Großparkplatzes kein angenehmes Plätzchen mehr zu finden. Im Süden zeigen sich jenseits der Bucht von Douarnenez die Pointe du Van und ihr vorgelagert im Meer die sagenumwobene »Toteninsel« Ile de Sein (vgl. Tour 26).

Der nun folgende Pfadabschnitt im Be-

reich des Marinefunkturms und des Großparkplatzes ist »dégoûtant«, nimmt aber glücklicherweise nur ¼ Stunde in Anspruch: Die gesamte Abbruchkante oberhalb der Klippen ist mit Stacheldrahtrollen »gesichert«, damit Schwindelanfällige und Unvorsichtige nicht ins Meer stürzen. Sobald der Großparkplatz- und Funkturmbereich vorbei ist, endet das touristische Terrain, und ohne Stacheldrahtbegleitung setzen wir unseren schönen Weg durch die Heide fort: Blickfang im Nordnordwesten ist

Auf den Pfaden rund um das Cap de la Chèvre pfeift der Wind auch bei Sonne; man muß sich warm anziehen.

die Pointe de Dinan mit dem Felsschloß, während sich links davon die »Erbsenhaufen«-Inseln vor der Pointe de Penhir zeigen.

Etwa 1 Stunde nach Verlassen des Stacheldraht-Kaps – fast zahllos sind unterwegs die Punkte, die zu aussichtsreicher Rast laden – erreicht der Pfad die großartige Bucht **Plage de la Palue**. Sie ist zwar ein bekannter Sandstrand, doch ist dort alles, was sonst an Sandstränden beliebt ist, verboten (wird aber trotzdem getan): Baden, Surfen, Zelten, Feuermachen usw.

Wir durchwandern nicht den ganzen Strand, sondern zweigen beim ersten Häuschen rechts auf den Zufahrtsweg ab. Er leitet hinauf in das Dorf **Kerdreux**, wo wir auf die erste Straße rechts abbiegen. Nach Verlassen des Dorfs wird aus dem Sträßchen ein Feldweg, an dessen Ende wir uns links wenden: Nach ¼ Stunde ist der Ausgangsort **Saint-Hernot** wieder erreicht.

Von der Plage de la Palue fällt der Blick hinüber zur Pointe de Dinan mit den vorgelagerten Felsinseln und – dahinter am Horizont – zur Pointe de Pen-Hir.

Panorama-Spaziergang über der Steilküste von Morgat

Gut 2 Std. | Anstiege 200 Hm. | 8 km.

Tourencharakter: *Teilweise gesicherter Pfad/Steig über der Steilküste mit einzigartiger Aussicht.*
Beste Jahreszeit: *Ganzjährig, außer bei Schneelage.*

Site du Menhir – Plage de Postolonnec – Site du Menhir – Pointe des Grottes – Plage du Porzic – Morgat – Site du Menhir

Schon am Ausgangspunkt **Site du Menhir**, einem kleinen Parkplatz unweit eines Menhirs, öffnet sich ein überwältigendes Panorama auf Morgat mit der von bunten Segeln belebten Sandstrandbucht sowie auf die Bucht von Douarnenez. Wir folgen dem markierten Steilküstenpfad zunächst links, der Ausschilderung »Plage de Postolonnec« entsprechend. Bald laden Sitzbänke zur Rast, eine Panorama-Orientierungstafel benennt die Orte im Blickfeld, Kletterfreudige

KURZINFO:

Ausgangsort: Morgat (Finistère).

Anfahrt/Ausgangspunkt: Morgat ist vom Landesinneren auf Straßen Richtung Crozon zu erreichen. Ausgangspunkt ist der Panorama-Parkplatz Site du Menhir; er ist in Morgat an der Durchgangsstraße ausgeschildert.

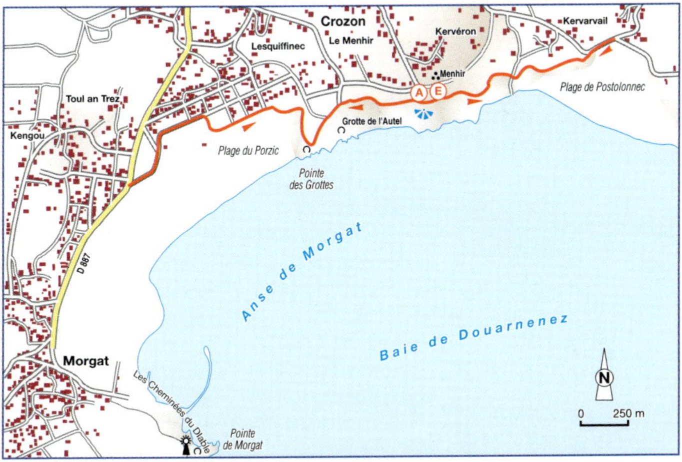

Blick vom Felsenpfad auf die Sandstrandbucht von Morgat.

Einkehren unterwegs: Zahlreiche Möglichkeiten in Morgat.

Auskunft: Office départemental du Tourisme, 11 rue Théodore-le-Hars, 29104 Quimper Cedex, Tel. (2) 98 53 09 00.

Karte: ign TOP 25, Blatt 0418 ET Camaret/Presqu'île de Crozon.

und Schwindelfreie können sich auf die lotrecht zum Meer abstürzenden Felsen wagen und finden Aussichtslogen ersten Ranges. Sicherheitsabsperrungen gibt es nicht. Mit einzigartiger Aussicht zieht der Pfad durch die Heide, gelegentlich spenden Kiefern und Felsen ein wenig Schatten.

Nach der Rast am weiten Sandstrand **Plage de Postolonnec** geht es auf demselben Pfad zurück, aber am Ausgangspunkt geradeaus weiter Richtung Morgat. Die Felsszenerien können hier als dramatischer empfunden werden als die in Richtung Plage de Postolonnec. Schließlich führt ein steiler Stufensteig hinab zu einer von Felsen und der Brandung umkesselten Kiesstrandbucht: Auch dies ist ein schöner Platz für eine Rast. Man kann sich in den Schatten der östlichen Felswand zurückziehen und aufs Meer hinausschauen, kann dem Schreien der Möwen lauschen und die Brandung gegen die Klippen schlagen hören, während draußen die Segelboote übers Wasser flitzen.

Nach der Rast in dieser namenlosen Kiesstrandbucht steigen wir wieder die Stufenanlage hinauf und setzen oben den Spaziergang auf dem Küstenpfad fort. Das Gelände wird nun passagenweise leicht ausgesetzt, wer schwindelanfällig ist, kann sich bergseitig an einem Zaun festhalten, dann tauchen urplötzlich wieder Morgat und die Bucht von Morgat auf, während sich rechts in der felsigen Halbinsel jenseits der Plage du Porzic erneut eine Grotte zeigt.

Wir folgen dem Pfad hinab zur **Plage du Porzic**, umgehen die Grottenhalbinsel und erreichen **Morgat**, wo es Einkehrmöglichkeiten jeder Art gibt. Der Rückweg zur **Site du Menhir** erfolgt auf derselben Route wie der Hinweg.

Auch bei ablaufendem Wasser ist die Kraxelei zur Altar-Grotte gefährlich. Die mittlere Hochwassermarke ist rechts an den Felsen als schwarzer Flutstreifen erkennbar.

29 Château de Dinan — das Schloß der Zwerge

3 Std. Anstiege 200 Hm. 11 km.

Tourencharakter: *Aussichtsreiche Heide- und Felspfadwanderung über der Atlantikküste. Für die Felswanderung zum Château sind feste Stiefel mit rutschfesten Sohlen empfehlenswert.*
Beste Jahreszeit: *Ganzjährig, außer bei Schneelage.*

Pointe de Dinan – Pointe de Lost Marc'h – Pointe de Dinan

KURZINFO:

Ausgangsort: Crozon.

Karte: ign TOP 25, Blatt 0418 ET Camaret/Presqu'île de Crozon.

Vom Parkplatz vor der **Pointe de Dinan** leitet ein breiter, steiniger Weg zwischen Heidevegetation aufwärts (halb links in Verlängerung der Stichstraße), von Anfang an mit prachtvoller Aussicht: Links (im Süden) läßt sich die Wanderroute nach Lost Marc'h überblicken, im Süden der Halbinsel zeigt sich das Cap de la Chèvre (mit dem wuchtigen Marinesignalturm), halb rechts davon sind in der Ferne die Küste von Cornouaille und die Pointe du Raz mit den vorgelagerten Leuchttürmen und der Ile de Sein zu erkennen. Nach und nach öffnet sich auch die Aussicht nach Nordwesten, wo die Pointe de Penhir mit den vorgelagerten Tas-de-Pois-Felsinseln den markantesten Blickfang setzt. Die umfassendste

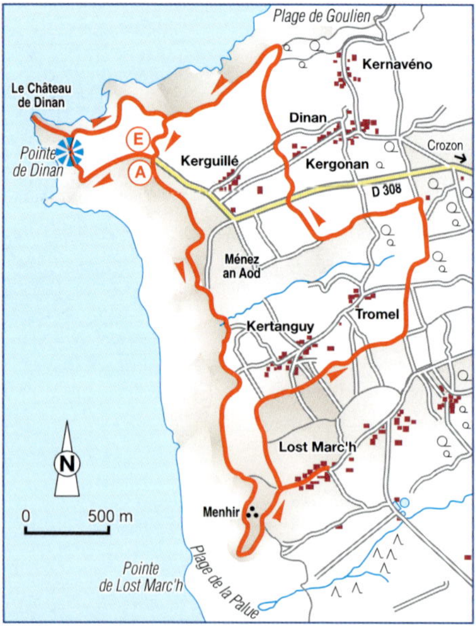

Rundschau erwartet uns auf dem höchsten Punkt der unter Naturschutz stehenden Pointe de Dinan, 64 Meter über dem Meer.

Von hier führt ein Pfad über den Klippen sacht abwärts. Deutlich ist der »Burg«-Charakter des **Château de Dinan**, wie die nordwestliche Felszunge der Pointe de Dinan genannt wird, zu erkennen: Die Burg ist durch eine schmale, natürliche Felsbrücke mit dem Festland verbunden; unter der Felsbrücke tost das Meer, während das Château aus Felszinnen, -türmen, -pfeilern und -wänden besteht (Klettergebiet). Abwärts haltend gelangt der Pfad an schöne (Rast) Felsen, von denen aus sich das Château gut überblicken läßt. Hier wäre es möglich, steil abzusteigen zum Pfad, der über die Felsbrücke führt, aber da die Pointe de Dinan mit ihrer kargen, erosionsgefährdeten Vegetation unter Naturschutz steht, sollte die Kraxelei unterbleiben.

Ein Pfad hält wenige Minuten ostwärts, bis ein anderer links in die Felsflanke abzweigt, bequem zur Felsbrücke und über sie hinüber auf die Felsburg führt. Wer durch die Felsen klettert, findet Aussichtstürme

Vom Strand von Kerségénou aus zeigt sich die Felsbrücke, die zum »Schloß der Zwerge« führt.

Anfahrt/Ausgangspunkt: Man nimmt die Küstenstraße und umfährt die Bucht von Dinan. Ausgangspunkt ist ein kleiner Parkplatz am Ende einer zur Pointe de Dinan führenden Stichstraße.

Einkehr unterwegs: Crêperie in Lost Marc'h.

Auskunft: Office de Tourisme, Boulevard de la Plage, 29160 Crozon, Tel. (2) 98 27 07 92.

Ein mächtiger Menhir wacht über der Plage de la Palue.

und Rastplätze vom Feinsten. Über die Felsbrücke verlassen wir die Burg der Zwerge wieder, gehen geradeaus, treffen erneut auf den Heidepfad über den Klippen und kehren zum Parkplatz zurück.

Während bisher fast jeder Hinweis gefehlt hat, ist der weitere Verlauf der Route ausgeschildert: Der gelb markierte Küstenpfad zieht in sachtem Auf und Ab grob südwärts, meist zwischen Heidevegetation, während rechts unten die Brandung an die Klippen schlägt. Immer wieder finden sich kleine Sandstrände, aber das Baden ist gefährlich und aus gutem Grund verboten.

Nach etwa ½ Stunde ab Parkplatz zeigt sich links in der Heide ein übermannshoher *Menhir*, wenig später ist die **Pointe de Lost Marc'h** erreicht. Sie gewährt einen vorzüglichen Blick auf die Plage de la Palue (vgl. Tour 28). Auf der Pointe de Lost Marc'h gab es in vorgeschichtlicher Zeit einen umwallten Bezirk; zwei Abschnittswälle sind noch zu erkennen.

Von der Pointe de Lost Marc'h geht es hinüber zum großen **Menhir**. Wer diesen eindrucksvollen Langstein von Norden aus betrachtet, sieht im Hintergrund die Wellen ans nahe Ufer branden, aber die Geräusche

des Meeres sind fast völlig verstummt. Vom Menhir sind es nur wenige Minuten zum Weiler **Lost Marc'h**, wo eine Crêperie zur Rast lädt.

Danach wandern wir vom Menhir aus auf einem sandigen Heideweg nordwärts. Am Wegweiser, der bald darauf weithin sichtbar der Heide entragt, geht es geradeaus (!), bald rechts kurvend und immer der Markierung gelber Strich folgend. Sie umgeht ein Bachtal, verläuft durch Wäldchen und Heideland, quert schließlich die Pointe de Dinan-Zufahrtsstraße und leitet zur Bucht von Dinan zurück. An der Küste links, und der Ausgangspunkt, die **Pointe de Dinan**, ist wieder erreicht.

In Heidevegetation leitet der Pfad von der Pointe de Dinan zur Plage de la Palue.

30 Fels-Faszination Pointe de Pen-Hir

2 Std. | Anstiege 200 Hm. | 7 km.

Tourencharakter: *Aussichtsreiche Heide- und Felswanderung über der Steilküste; festes Schuhwerk ist empfehlenswert.*
Beste Jahreszeit: *Ganzjährig, außer bei Schneelage.*

Pointe de Pen-Hir – Alignement de Lagatiar – Pointe de Pen-Hir

KURZINFO:

Ausgangsort: Camaret-sur-Mer (Finistère).

Vom **Atlantikschlacht-Museum** zieht der aussichtsreiche Heidepfad über der grandiosen Steilküste südwärts und erreicht die **Pointe de Pen-Hir** mit dem *Bretonen-Denkmal* als markantem Orientierungspunkt. Der Blick schweift auf die **Tas de Pois** (»Erbsenhaufen«), wie die vorgelagerten Felsinseln genannt werden, und auf die Pointe de Saint-Mathieu, vor der sich weit draußen im Meer die Ile d'Ouessant zeigt.

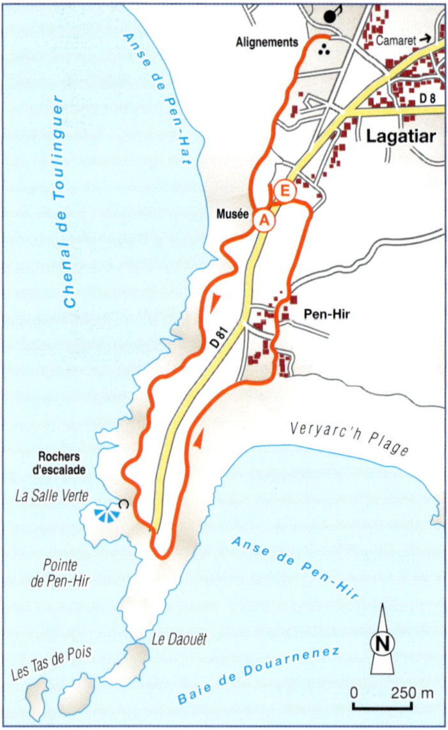

Nach Passieren des Denkmals sind unten in den Felsflanken mehrere Pfade zu erkennen; es gibt keine Ausschilderung, man muß nach Gefühl und Sicht gehen: noch ein Stück links, dann in Serpentinen abwärts, bis **La Salle Verte** (»der Grüne Saal«) erreicht ist, eine Höhle bei einem grasbedeckten

Absatz. Dieser einsam gebliebene Ort bietet einen malerischen Blick auf die Tas de Pois.

Von der Salle Verte geht es wieder hinauf und nun immer mit einzigartiger Aussicht an der Abbruchkante entlang, bald oberhalb der Anse de Pen-Hir. Der Blick fällt hinüber zur Pointe de Dinan mit dem »Schloß der Zwerge«, während weiter südlich das Cap de la Chèvre zu sehen ist und sich halb rechts dahinter am Ende der Küste von Cornouaille die Pointe du Raz sowie die Ile de Sein zeigen. Sobald der Pfad einen Weg erreicht, folgen wir diesem links in den Weiler **Pen-Hir**, durchschreiten ihn (geradeaus), treffen dahinter auf einen Heideweg und zweigen von diesem bei den ersten Häusern links zum Ausgangspunkt ab.

Interessant ist zuletzt der ½stündige Abstecher zum **Alignement de Lagatiar**, einer Art »Klein-Carnac«. Dazu folgen wir dem

Von den Wiesen der Pointe de Pen-Hir fällt der Blick auf die gleichnamige Bucht.

Anfahrt/Ausgangspunkt: Von Camaret-sur-Mer südsüdwestlich auf der D 8 Richtung Pointe de Penhir fahren. Ausgangspunkt ist der Parkplatz am Musée Mémorial Merchant Navy (Atlantikschlacht-Museum).

Einkehr unterwegs: Keine.

Auskunft: Office de Tourisme, Quai Toudouze, 29570 Camaret-sur-Mer, Tel. (2) 98 27 93 60.

Karte: ign TOP 25, Blatt 0418 ET Camaret/Presqu'île de Crozon.

Küstenpfad nordwärts und biegen nach 10 Minuten rechts zu den *Menhiren* ab. Von den ursprünglich etwa 700 übermannshohen Langsteinen, die hier im Neolithikum in mehreren Reihen aufgerichtet wurden, stehen noch etwa 99. Es wird behauptet, das Alignement sei eine astronomische Anlage zur Beobachtung von Sonnenständen gewesen; bewiesen ist das nicht.

Neben dem Alignement stehen auf einer Anhöhe die eindrucksvollen Ruinen des **Manoir du Coecilian**. Dort lebte ab 1907 zurückgezogen der aus Marseille stammende symbolistische Dichter Saint-Pol-Roux, ein Wegbereiter des Surrealismus. 1940 trieben Hitlersoldaten den 79jährigen aus dem Manoir und erschossen ihn und seine Tochter Divine in Brest.

Begleitet vom Tosen der Brandung kehren wir von den Menhiren zum Ausgangspunkt beim **Atlantikschlacht-Museum** zurück. Wer die Wanderung abends unternimmt, kann einen prachtvollen Sonnenuntergang über dem Meer erleben.

Felsturm in der Brandung an der Pointe de Pen-Hir. Sie ist ein bekanntes Kletterrevier.

31 Saint-Mathieu — das Kloster am »Ende der Welt«

2 Std. Anstiege 100 Hm. km 8 km.

Tourencharakter: *Aussichtsreiche Heide- und Felswanderung über der Steilküste; festes Schuhwerk ist empfehlenswert..*
Beste Jahreszeit: *Ganzjährig, außer bei Schneelage.*

Saint-Mathieu – Pointe de Saint-Mathieu – Trémeur – Le Gibet des Moines – Saint-Mathieu

Bei der Kapelle Saint-Jean tritt eine Quelle zutage, die früher als wundertätig angesehen wurde.

Vom Parkplatz bei der **Ruine des Klosters Saint-Mathieu** geht es durch die Rue des Moines hinüber zur **Kapelle Notre-Dame-de-Grace** und zu den imposanten Überresten der Benediktinerklosterkirche **Saint-Mathieu** am Ende der Welt (Loc Mazé Penn

ar Bed). Sie ist der Rest eines im 6. Jahrhundert gegründeten Klosters. Es wurde dicht an den Klippen errichtet, doch die See hat ihm weniger geschadet als Unverstand: Nach der Französischen Revolution diente das Kloster als Steinbruch, noch im Jahr 1864 wurde der benachbarte *Leuchtturm* (kann bestiegen werden: Rundblick) aus den Steinen des Klosters erbaut. Heute steht die Kirchenruine als historisches Denkmal unter Schutz.

Auch ohne die Ersteigung des Leuchtturms bietet sich an der Pointe de Saint-Mathieu und während der Weiterwanderung auf dem Küstenpfad eine prachtvolle Aussicht: Im Südwesten zeigen sich die Pointe de Pen-Hir und das Cap de la Chèvre an der Spitze der Halbinsel von Crozon, im Süden sind die Pointe du Raz und die vorgelagerte Ile de Sein zu erkennen.

Nach etwa 1 Stunde verlassen wir den Küstenpfad und lassen uns von der Markierung rote Scheibe durch Wiesen und Felder und kleine Weiler zum Ausgangspunkt zurückleiten. Die auf der Karte namentlich eingetragenen Orte entpuppen sich als Höfe bzw. Ansammlungen weniger Häuser, eine Einkehrmöglichkeit gibt es nicht.

KURZINFO:

Ausgangsort: Brest (Finistère).

Anfahrt/Ausgangspunkt: Auf der D 789 von Brest nach Westen, zuletzt abbiegen Richtung Pointe de Saint-Mathieu. Ausgangspunkt ist der Parkplatz bei der Klosterruine Saint-Mathieu beim gleichnamigen Dorf.

Einkehr unterwegs: In Saint-Mathieu.

Auskunft: Office de Tourisme, Place de la Liberté, 29200 Brest, Tel. (2) 98 44 24 96.

Karte: ign TOP 25, Blatt 0417 ET Brest/Pointe de Saint-Mathieu.

In der Ruine der ehemaligen Klosterkirche am »Ende der Welt«.

Kurz bevor der Ausgangspunkt wieder erreicht ist, zeigt sich **Le Gibet des Moines** (»der Galgen der Mönche«). Es handelt sich um zwei gallische Stelen mit Kreuzen. Dann ist man wieder beim **Kloster Saint-Mathieu** angelangt.

An der Aber-Küste bei Ploudalmézeau

5 Std. Anstiege 100 Hm. 18 km.

Tourencharakter: *Aussichtsreiche Heidewanderung über der Steilküste.*
Beste Jahreszeit: *Ganzjährig, außer bei Schneelage.*
Weglänge: *Hin- und Rückweg auf derselben Route.*

Penfoul – Pointe de Landunvez – Chapelle Saint-Samson – Plage de Trémazan – Penfoul

KURZINFO:

Ausgangsort: Die nächstgelegenen größeren Orte sind Ploudalmézeau sowie Saint-Renan (im Landesinneren) und Brest (im Südosten).

Karte: ign TOP 25, Blatt 0416 ET Plouguerneau/Les Abers.

Unser Ausgangspunkt, der Parkplatz bei **Penfoul**, liegt in einem dünenartigen Gelände über einer winzigen Aber-Bucht; jenseits der Bucht zeigen sich die Felsen der Landspitze Pointe du Coq. Der rot-weiß markierte Pfad zieht über der Steilküste nordwärts, draußen in der See liegen die Felsinseln der **Roches d'Argenton**, und bald ist die weit in die Wellen hinausstoßende, aussichtsreiche Landzunge **Pointe de Landunvez** erreicht – ein schöner Rastplatz.

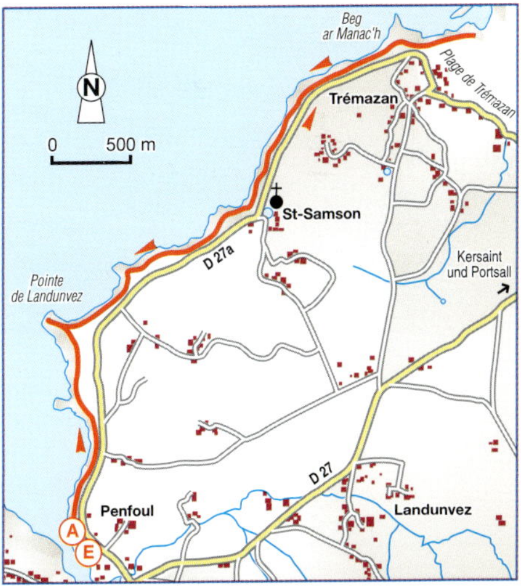

Der rot-weiß markierte Weitwanderpfad zieht weiter über der wildzerklüfteten Küste, die allerdings nicht die monumentalen Höhen der Côte Sauvage der Belle-Ile oder der Felsflanken an der Pointe de Penhir erreicht. Die nächste markante Station ist die **Chapelle Saint-Samson**, neben der ein altes Steinkreuz steht. Unterhalb der Kapelle entspringt –

Nur wenige Meter über der mittleren Hochwasserlinie entspringt unterhalb der Kapelle Saint-Samson eine Süßwasserquelle. Dies ist ein schöner Rastort neben einem Felsen im Grünen..

nur wenige Meter über dem Meeresspiegel – die bei nahezu jeder bretonischen Kapelle obligatorische Quelle.

Nach der Rast an der Quelle geht es auf dem Pfad weiter nordwärts, immer deutlicher ist das Felsinselgewirr der **Rocher de Portsall** zu erkennen, und bei klarer Sicht zeigt sich weiter draußen die Ile d'Ouessant. Die Portsall-Felsen haben traurige Berühmtheit erlangt, als 1978 der Öltanker »Amoco Cadiz« auflief: Eine verheerende Ölpest war die Folge. Schließlich erreicht der Pfad die **Plage de Trémazan** in der Bucht des Badeorts **Portsall**.

Der Rückweg erfolgt auf derselben Route.

Anfahrt/Ausgangspunkt: Von Süden auf der D 27 nordwärts Richtung Landunvez fahrend, zweigt man in Penfoul links auf die Route Touristique ab. Ausgangspunkt ist der erste Parkplatz über den Klippen.

Einkehr unterwegs: Keine.

Auskunft: Office de Tourisme, Place de l'Eglise, 29830 Ploudalmézeau, Tel. (2) 98 48 11 88.

Der Wanderpfad an der Aber-Küste.

33 Pointe de Primel — Felsfestung am Meer

Gut 1 Std. | Anstiege 100 Hm. | 5 km.

Tourencharakter: *Felsige Kurzwanderung auf Pfaden.*
Beste Jahreszeit: *Ganzjährig, außer bei Schneelage; es ist am günstigsten, die Wanderung bei ablaufender Flut zu beginnen.*

Primel-Trégastel – La Salle Verte – Pointe de Primel – Primel-Trégastel

KURZINFO:

Ausgangsort: Morlaix (Finistère).

Anfahrt/Ausgangspunkt: Von Morlaix auf der D 46 nordwärts nach Plougasnou fahren und weiter nach Trégastel. Ausgangspunkt ist der Parkplatz am Ortseingang von Primel-Trégastel.

Vom Parkplatz am Ortsrand von **Primel-Trégastel** – links weitet sich der Sandstrand von Trégastel – geht es kurz auf einem Sträßchen kapwärts, dann zweigt bei der Naturschutzgebiet-Übersichtstafel die rot-weiße Weitwandermarkierung links auf den Küstenpfad ab. Die Übersichtstafel weist darauf hin, daß sich seit dem Mesolithikum (8000 v. Chr.) Menschen an den Felsburgen der Pointe de Primel aufgehalten haben.

Von Anfang an öffnet sich eine bestechende Aussicht: Über dic von bunten Segeln belebte Anse du Diben mit ihren Stränden und dem Badeort Le Diben hinweg schweift der Blick auf das Felsinselgewirr vor der Pointe du Diben, während sich in der Ferne die Ile de Batz und die anderen Inseln vor der Pointe de Bloscon beim Cork- und Plymouth-Fährhafenort Roscoff zeigen. Nach einer Weile taucht rechts

vorn auch das Ziel der Wanderung auf: das mächtige Felskap Pointe de Primel aus rotem Granit.

Immer wieder malerische Ausblicke gewährend, kurvt der Graspfad rechts hinauf und betritt eine fast allseits von roten und grauen Granitbastionen umschlossene Wiesenmulde, die **La Salle Verte** genannt wird: der Grüne Saal. Hier soll im Mittelalter ein Bauwerk gestanden haben.

Nach Durchschreiten der grünen Mulde überklettert der Pfad einen Bergrücken: Hier öffnet sich ein prachtvoller Blick auf die Nadeln, Granitbuckel, Klippen und Riffs, die vor der Küste in Schwärmen aus der See tauchen. Der Pfad durchzieht eine Wiese (links ein winziger Badestrand) und hält auf eine felsige Anhöhe zu, die riegelartig vor der Pointe de Primel steht. Das Steinhäuschen auf der Felshöhe heißt **La Cabane des Douaniers** (die Zöllnerhütte).

Hat der Pfad den Rücken der Felshöhe erklommen, bietet sich ein überwältigendes

Granitpyramide mit wackelsteinartigem Aufsatz an der Pointe de Primel. Deutlich zu erkennen ist das »natürliche« Rot des Granits oberhalb der mittleren Hochwasserlinie; darunter ist der Granit grau.

Sehens- und Wissenswertes: Die Stadt Morlaix am Mündungstrichter des gleichnamigen Flusses hat eine lebhafte, schöne Altstadt. In der Maison de la Reine Anne (16. Jh.), einem der typischen Laternenhäuser von Morlaix, logierte Anne de Bretagne während ihrer Wallfahrt zu den Heiligen ihrer Heimat.

Einkehr unterwegs: In Primel-Trégastel.

33

Auskunft: Office de Tourisme, Place des Otages, 29600 Morlaix, Tel. (2) 98 62 14 94.

Karte: ign série bleue, Blatt 0615 ouest Taulé/Carantec.

Die am weitesten in die See stoßende Felsbastion der Pointe de Primel ist nur bei Ebbe erreichbar.

Panorama; dies ist ein hervorragender Ort für eine Rast. In die Felsen auf dem gesamten Rücken haben vorgeschichtliche Menschen Hunderte von Schalen und Rinnen gehöhlt.

Von der Felshöhe hält die rot-weiße Weitwandermarkierung abwärts und verläuft durch eine Wiese zu einer querenden Kluft. Bei entsprechendem Wasserstand kann sie durchschritten werden, dann ist auch die bis zu 45 Meter aufragende Granitzunge der **Pointe de Primel** erreichbar.

Der Weitwanderpfad hält sich nun an die Ostküste der Pointe de Primel und erreicht bei der Sandstrandbadebucht **Plage de Primel** den kleinen Ort **Primel-Trégastel**. Auf der Durchgangsstraße geht es zurück zum Ausgangspunkt.

Ploumanac'h — Träume in rosa Granit

Mindestens 3 Std. Anstiege 100 Hm. Mindestens 10 km.

Tourencharakter: *Bequeme Streckenwanderung entlang der Küste.*
Beste Jahreszeit: *Ganzjährig; beste Tageszeiten vormittags und nachmittags.*

Saint-Guirec – Perros-Guirec – Saint Guirec

Die Wanderung beginnt an der malerisch von Felsen umkesselten Sandstrandbadebucht **Plage de Saint-Guirec**. Hier nimmt der auto- und fahrradfreie **Sentier des Douaniers** (Zöllnerpfad) seinen Anfang und gibt bis Perros-Guirec die Route vor.

Vom Sandstrand zieht der Zöllnerpfad nordwärts, durchquert ein Gehölz, dann öffnet sich fast unvermittelt die Küste des rosa Granits – ein überwältigender Anblick. Auch nur die wichtigsten Felsformationen aufzählen oder gar beschreiben zu wollen, würde zu weit führen – man sollte minde-

KURZINFO:

Ausgangsort: Seebad Perros-Guirec (Côtes d'Armor).

Anfahrt/Ausgangspunkt: Von Lannion auf der D 11 nordwärts Richtung Ploumanac'h fahren; parken auf einem der Großparkplätze im Ortsteil Saint-Guirec. Ausgangspunkt ist der Badestrand Plage de Saint-Guirec.

Einkehr unterwegs: Zahlreiche Möglichkeiten in Saint-Guirec und Perros-Guirec.

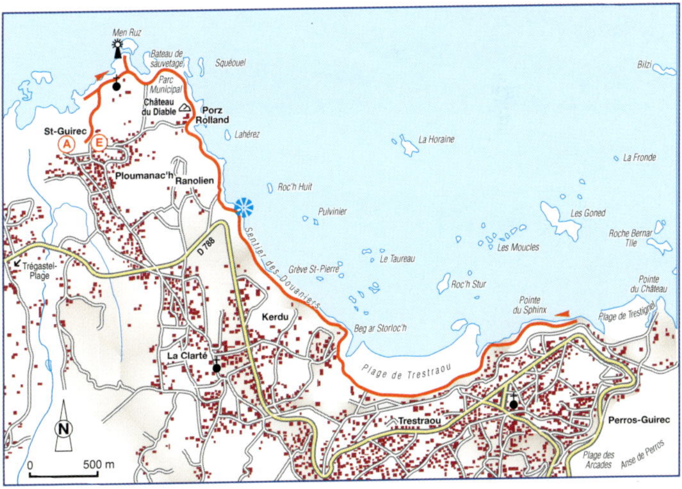

stens einen halben Tag für die Wanderung einplanen.

Vom Zöllnerpfad zweigen zahlreiche kleine Pfade ab, auf denen sich die Felsen erkunden lassen, außerdem gibt es Dutzende schöner Orte für eine Rast. Die meisten Felsen tragen Unsinnsnamen, die man sich nicht merken muß: »Holzschuh«, »Schild

Schalenstein mit Rinne an der Küste des rosa Granits.

kröte«, »Hase« usw. Ziemlich am Anfang, noch vor dem Leuchtturm, steht zwischen den Felsen eine namenlose, verschlossene *Kapelle* (Foto S. 159). Oberhalb der Kapelle steht der eindrucksvolle »Pilz«-Felsen.

Insgesamt gibt es so viel zu sehen und zu entdecken am Zöllnerpfad, daß man kaum vorwärts kommt. Nach und nach schwingt der Pfad mit der Küstenlinie rechts, draußen in der See liegen die Sieben Inseln (Les Sept Iles), auch das Ziel zeigt sich, die Halbinsel von Perros-Guirec. Der Zöllnerpfad passiert die Felsformation **Le Château du Diable** (Teufelsschloß) und erreicht schließlich die **Plage de Trestraou**, die berühmte Sandstrand-Bade- und Segelbucht von **Perros-Guirec**.

Auf dem selben Zöllnerpfad, der uns hierher geführt hat, geht es später wieder nach **Saint-Guirec** zurück.

Auskunft: Office de Tourisme, 21 Place de l'Hôtel de Ville, 22700 Perros-Guirec, Tel. (2) 96 23 21 15.

Karte: ign série bleue, Blatt 0714 ouest Perros-Guirec.

Kapelle am Zöllnerpfad an der Küste des rosa Granits bei Saint-Guirec.

35 Durch die Corong-Schlucht zum Menhir Quélénec

2 Std. Anstiege 100 Hm. 6 km.

Tourencharakter: *Überwiegend aussichtsreiche Heide- und Waldwanderung, meist auf einsamen Pfaden; Stiefel sind empfehlenswert.*
Beste Jahreszeit: *Ganzjährig.*

Le Guellec – Gorges du Corong – Menhir Quélénec – Le Guellec

KURZINFO:

Ausgangsort: Carhaix-Plouguer (Finistère).

Anfahrt/Ausgangspunkt: Von Carhaix-Plouguer führt die kleine Straße D 20 nordostwärts Richtung Trébrivan, Locarn und Saint-Nicodème. In dem Weiler Le Guellec biegt man beim Schild »Gorges du Corong« links ab auf einen arg holprigen Feldweg (man kann ihn auch zu Fuß gehen), der nach einer Weile irgendwo endet; dort ist – bei einer Übersichtstafel – der Ausgangspunkt.

Einkehr unterwegs: Keine.

An der Verzweigung oberhalb der Parkmöglichkeit bei **Le Guellec** leitet die Markierung blauer Strich geradeaus (nicht rechts hinauf), senkt sich zwischen Ginsterbüschen und Heideland hinab und tritt in einen Eichenwald ein, in dem alle Stämme efeuumrankt sind. Sogar viele der wenigen Tannen, die sich längs eines Bachlaufs angesiedelt haben, sind von Efeu umwunden, auch Stechpalmen in teils sehr alten Exemplaren horsten in diesem eigentümlichen Eichen-Efeu-Stockausschlagwald.

Nach ¼ Stunde erreicht der Pfad das gewaltige Blockmeer, unter dem der Corong dahinrauscht, und quert es: Die blaue Strich-Markierung leitet über die Granitplatten und Felsen im Fluß. Anders als in den Felsenmeeren von Huelgoat und am Blavet sind die Blöcke nicht bemoost. Nach Überschreiten des Flusses führt ein Pfad abwärts; dort springt der Corong in kleinen Kaskaden unter dem Blockwerk hervor.

Nun führt uns die blaue Strich-Markierung auf einem Fels- und Wurzelpfad flußaufwärts, immer wieder begleitet von enormen Felsblöcken und -wänden. Nach dem Ende der Blockzone plätschert das Flüßchen ruhiger dahin, in Überschwemmungsgebieten haben sich malerische Auenwälder gebildet.

Schließlich durchschreitet die blaue Strich-Markierung auf Steinen einen Nebenbach, hält aufwärts, erreicht einen Fahrzeugwendeplatz, folgt wenige Meter der Zufahrt nach oben und biegt rechts in einen Waldweg ein. Dieser überschreitet den Corong auf einem Damm, schwingt gleich darauf links und zieht lange Zeit einsam und verhältnismäßig aussichtsreich durch Heide und kleinere Wälder.

Nach Überschreiten einer Kuppe, auf der Steinblöcke liegen, geht es zur kleinen Straße hinab und nach Queren der Straße auf einem Feldweg geradeaus zum **Menhir Quélénec** (Menhir Paotr Saout) auf der Anhöhe **Ménez-Guellec**.

Der in exzellenter Aussichtslage aufgestellte Menhir ist etwa 5,5 Meter hoch. Oberhalb von ihm liegt ein mächtiger Felsblock, in dessen Oberfläche eine Schale gehöhlt ist und neben dem eine Stechpalme mit korallenroten Früchten wächst. Wie von einem Thron aus schweift der Blick von diesem Schalenfelsen auf den Menhir und über das weite Hügelland des Argoat – ein phantastischer Ort für eine Rast.

Vom Menhir geht es zurück zur kleinen Straße. Der blaue Strich folgt der Straße wenige Minuten aussichtsreich abwärts (links) und biegt vor der Kurve (weiter unten steht ein weiterer Menhir) rechts auf einen Feldweg ab. Der Weg hält in der Heide aufwärts und taucht bald darauf in einen zerzausten Hain, in dem ein eigentümlich geformter Menhir aufrecht

Auskunft: Office départemental du Tourisme, 11 rue Théodore-le-Hars, 29104 Quimper Cedex, Tel. (2) 98 53 09 00.

Karte: ign série bleue, Blatt 0717 est Maël-Carhaix.

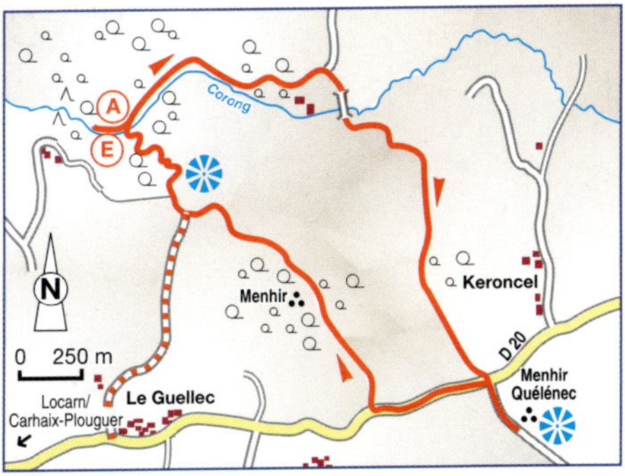

Unterhalb des Felsenmeers tanzt der Corong in Kaskaden unter dem Blockwerk hervor.

steht, während der zweite, etwa gleich hohe, neben ihm auf der Erde liegt (er ist oder wurde umgestürzt). Obwohl die Wald- und Orkanschäden in der Umgebung unübersehbar sind, läßt sich hier angenehm rasten. Wie es heißt, gibt es *»männliche« und »weibliche« Menhire*; sie wurden oft paarweise aufgerichtet. Während der Rast kann man versuchen herauszubekommen, welches denn nun der »männliche« und welches der »weibliche« Menhir ist.

Anschließend zieht der Weg weiter aussichtsreich durch die Heide, eine der typischen »Ossian-Heiden« der Bretagne. Der grasige Weg erklimmt erneut einen Hügel, auf dem Steinblöcke liegen und von dem sich eine prachtvolle Aussicht bietet. Dann führt der blaue Strich abwärts und leitet zwischen Ginsterbüschen zum Parkplatz bei **Le Guellec** zurück.

Ungezähmte Natur — die Flußschwinde des Blavet

3 Std. | Anstiege 200 Hm. | 10 km.

Tourencharakter: *Schluchtwanderung auf teilweise beschwerlichem Pfad; Stiefel mit griffigen Sohlen sind empfehlenswert.*
Beste Jahreszeit: *Ganzjährig, außer bei Schneelage.*

Chaos de Toul-Goulic – Gorges de Toul-Goulic – Chaos de Toul-Goulic

KURZINFO:

Ausgangsort: Kergrist-Moëlou (Côtes d'Armor).

Anfahrt/Ausgangspunkt: Kergrist-Moëlou in nordöstlicher Richtung verlassen und nach Passieren des Dorfs Trémargat der Ausschilderung »Toul-Goulic« bis zum Parkplatz (= Ausgangspunkt) folgen.

Vom Parkplatz führt ein Waldpfad zwischen bizarrwüchsigen Eichen durch die von mächtigem Blockwerk durchsetzte Talflanke steil hinab zum **Chaos de Toul-Goulic**. Ähnlich wie der Silberfluß bei Huelgoat und der Corong bei Le Guellec verschwindet der Blavet hier unter einem Felsenmeer aus gewaltigen Granitblöcken.

Die rot-weiße Weitwanderwegmarkierung folgt von der Flußschwinde aus dem Felsenmeer auf einem Pfad schluchtabwärts; nach einer Weile taucht der Blavet wieder unter den Felsblöcken auf. Es ist ein schöner, romantischer Pfad in einem Wald, in dem Buche und Eiche dominieren und auch Efeu und Stechpalme nicht fehlen. Da der Pfad verhältnismäßig beschwerlich ist, wird er nur selten begangen: Er springt über Felsen und Wurzeln, hält je nach Gelände im

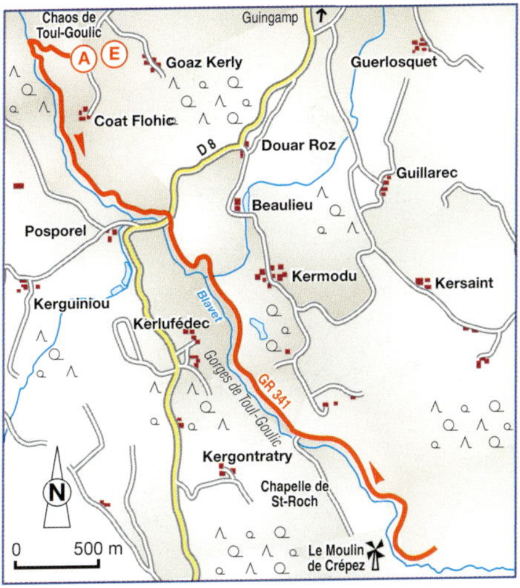

Einkehr unterwegs: Keine.

Sehens- und Wissenswertes: Kergrist-Moëlou besitzt eine eindrucksvolle Kirche aus dem 16. Jahrhundert (s. Foto S. 91); der Calvaire davor zeigt mehr als 100 Personen.

Auskunft: Office départemental du Tourisme,
11 rue Théodore-le-Hars,
29104 Quimper Cedex,
Tel. (2) 98 53 09 00.

Karten: ign série bleue, Blatt 0717 est Moël-Carhaix und Blatt 0817 ouest Saint-Nicolas-du-Pélem.

Steilhang schweißtreibend aufwärts, senkt sich wieder hinab, zuweilen muß man unter gestürzten Baumstämmen hindurchkriechen, Efeugirlanden und Brombeergerank sind beiseitezuschieben, Felskanzeln bieten sich als natürliche Rastthrone über dem Fluß an.

Nach einer Weile wird das Gelände zahmer, die rot-weiße Markierung quert eine Départementstraße und taucht dann in die **Gorges de Toul-Goulic** ein, einen weitaus längeren Schluchtabschnitt, der als noch schöner als der erste empfunden werden kann. Nach der beeindruckenden Wanderung durch den tiefsten Schluchtabschnitt – die Flanken schwingen bis zu 70 Meter himmelwärts – beginnt bei einer einsamen Mühle das kultivierte Land, und die rot-weiße Markierung entfernt sich vom Fluß. Hier kann man am Waldrand sitzen und rasten, über das Land schauen und sich fragen, ob nicht eine Trekkingtour auf einem der Weitwanderwege quer durch die Bretagne und längs ihrer Küsten eine faszinierende Angelegenheit wäre.

Nach der Rast kehren wir um, tauchen wieder ein in die Schlucht und wandern zurück zum **Chaos de Toul-Goulic**.

In der Schlucht des Blavet.

Vom Cap Fréhel zum Fort de la Latte

Gut 3 Std. | Anstiege 200 Hm. | 13 km.

Tourencharakter: *Aussichtsreiche Küsten- und Binnenlandwanderung auf Pfaden und bequemen Wegen.*
Beste Jahreszeit: *Ganzjährig.*

Cap Fréhel – Fort de la Latte – La Motte – Besnard – Cap Fréhel

Vom Leuchtturm auf dem **Cap Fréhel** leitet die rot-weiße Weitwanderwegmarkierung zur Nordspitze des Kaps hinab, dessen Felswände 60 lotrechte Meter der tosenden See entragen. Bei klarer Sicht öffnet sich ein

KURZINFO:

Ausgangsort: Saint-Cast-le-Guildo (Côtes d'Armor).

Anfahrt/Ausgangspunkt: Ausgangspunkt ist der Parkplatz vor dem Leuchtturm am Cap Fréhel nordwestlich von Saint-Cast-le-Guildo (jenseits der Baie de la Frénaye). Von Saint-Cast auf der D 13 nach Matignon fahren, weiter auf der D 786 Richtung Le Val-André/Saint-Brieuc, bis die kleine D 34 rechts Richtung »Cap Fréhel« abzweigt.

Einkehr unterwegs: Saisonal hat das Restaurant »La Fauconnière« am Cap Fréhel geöffnet.

Auskunft: Office de Tourisme, Place Général-de-Gaulle, 22380 Saint-Cast-le-Guildo, Tel. (2) 96 41 81 52.

Karte: ign TOP 25, Blatt 1016 ET Saint-Cast-le-Guildo/Cap Fréhel.

weites Panorama: im Osten bis zur Pointe du Grouin jenseits von Saint-Malo, im Nordosten bis zu den Kanalinseln, im Nordwesten bis zur Ile de Brehat. Der Granit des Kaps und in der Umgebung schimmert an sonnigen Nachmittagen in einem leichten Rot.

Vom Kap leitet die rot-weiße Markierung über der Steilküste zum weithin sichtbaren Fort de la Latte. Noch in Kapnähe zeigt sich dicht vor der Küste der Vogelfelsen **La Fauconnière**, auf dem Seemöwen und Kormorane eine Heimat gefunden haben; das Gebiet um die Fauconnière ist als *Vogelschutzgebiet* ausgewiesen.

In stetem Auf und Ab zieht die Markierung weiter über der Steilküste entlang, meist zwischen Heide und Ginster, zuletzt am Rand von Gehölzen, und tritt schließlich in den **Parc de la Latte** ein, den Park des gleichnamigen Forts. Das **Fort de la Latte** wurde im 13./14. Jahrhundert für das Adelsgeschlecht Goyon-Matignon errichtet und im 17. Jahrhundert von Vauban erneuert; es ist in Privatbesitz und kann besichtigt werden.

Wenn die Markierung den Zugangsweg zum Fort kreuzt, gelangt man auf dem Weg in 5 Minuten zum **Menhir le Doigt de Gargantua** (der Finger Gargantuas). Dieser Menhir, von dem aus sich ein schöner Blick auf das Fort bietet, ist fast 3 Meter hoch, aber nur 20 Zentimeter schmal; er wird auch als »Spazierstock Gargantuas« bezeichnet. Im Felsblock hinter ihm sind die Abdrücke von zwei Füßen (oder Schuhsohlen) zu erkennen; die Sage meint, hier habe der Riese Gargantua gestanden und aufs Meer hinausgeschaut; dabei habe ihm der Menhir als Spazierstock gedient.

Vom Fort leitet die Markierung weiter an der Küste entlang, bald außerhalb des Parks.

Gut 20 Minuten ab dem Fort de la Latte senkt sie sich in eine kleine Talkerbe hinab, und zwar in die zweite nach Passieren des Caps **Le Vaugamont**.

Hier wenden wir uns von der rot-weißen Markierung ab und gehen rechts hinauf in den Weiler **La Ville Tourin**, lassen uns von der Markierung gelber Strich zum weithin sichtbaren Wasserturm und danach durch Feld- und Wiesenflur sowie durch Heide und Ginsterbüsche leiten.

Wenn die Route ein Wegedreieck in Straßennähe erreicht, geht es halb links weiter (gelber Strich auf einem kleinen Stein mitten auf dem Grasweg) durch Ginsterlandschaft in den Weiler **Besnard**. Dort folgen wir kurz der Straße (links) und biegen gleich darauf bei Rastbänken und -tisch rechts auf einen grasigen Heideweg ab: Er durchquert eine sanfte Senke und stößt wieder auf den Küstenpfad, der (rechts) zum **Cap Fréhel** zurückleitet.

Vom Menhir Doigt de Gargantua (Gargantuas Finger) fällt der Blick auf das Fort de la Latte. Der ungewöhnlich dünne Menhir soll dem Riesen Gargantua als Spazierstock gedient haben.

38 Wilde Schönheit: Pointe du Grouin

3 Std. | Anstiege 200 Hm. | 10 km.

Tourencharakter: *Binnenlandwanderung auf Pfaden und bequemen Wegen.*
Beste Jahreszeit: *Ganzjährig.*

Plage du Verger – Pointe du Grouin – Basse Cancale – Plage du Verger

KURZINFO:

Ausgangsort: Saint-Malo (Ille-et-Vilaine).

Anfahrt/Ausgangspunkt: Zwei kleine Parkplätze gibt es am Strand La Plage du Verger, der an der Küstenstraße von Saint-Malo Richtung Pointe du Grouin schlecht ausgeschildert ist. Ausgangspunkt der Tour ist am oberen Parkplatz bei der Kapelle; man kann aber auch am unteren Parkplatz am Strand parken.

Neben dem oberen Parkplatz beim Strand **Plage du Verger** steht oberhalb versumpfender Teiche die im 19. Jahrhundert an alter Stelle wiedererrichtete *Wallfahrtskapelle Notre-Dame-du-Verger*. An den Wänden im Inneren hängen Hunderte von Plaketten und Zetteln, auf denen der Schutzheiligen für ihre Hilfe gedankt wird.

Von der Kapelle geht es auf einem Pfad neben dem Fahrweg zur Plage du Verger hinab. Die grasbewachsenen Dünen am Rand dieses sehr schönen Sandstrands stehen unter Naturschutz und dürfen nicht betreten werden. Hinter dem Grasdünengürtel

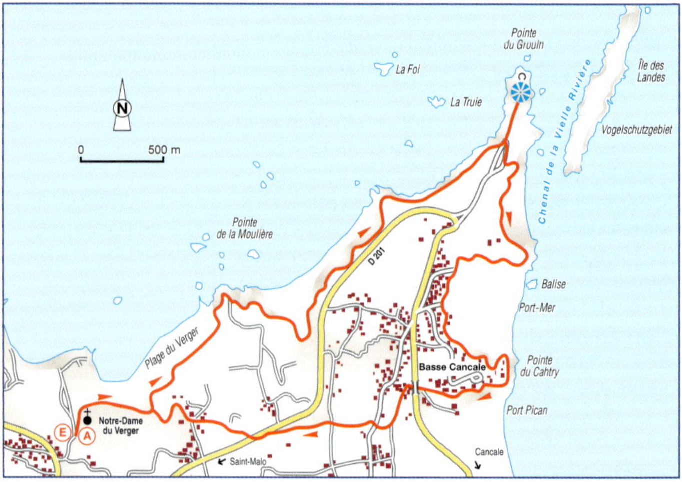

öffnet sich das Halbrund der an den Seiten von Felswänden flankierten Badebucht.

Auf dem Weg vor dem Dünengürtel hält die rot-weiße Weitwanderwegmarkierung ostwärts, erklimmt die Felsen und folgt einem Pfad auf der Abbruchkante der Steilküste zur **Pointe du Grouin**. Die wilden Felsszenerien am Kap beeindrucken auch bei tiefhängenden Wolken, und bei klarer Sicht ergibt sich ein Rundblick vom Mont Saint-Michel bis zu den Kanalinseln und zum Cap Fréhel. Bei Ebbe kann man durch die Felsen hinabklettern und findet eine bis zu 10 Meter hohe und 30 Meter tiefe Höhle. Östlich vorgelagert ist der Pointe du Grouin die langgestreckte Vogelschutzinsel Ile des Landes.

Kletterausflug an der Pointe du Grouin.

Einkehr unterwegs: Restaurant an der Pointe du Grouin, diverse Einkehrmöglichkeiten an der Plage Port-Mer.

38

Sehens- und Wissenswertes: Die Stadt Saint-Malo an der Mündung der Rance ist Seebad, Hafenort und bedeutendes Fremdenverkehrszentrum (schöne Altstadt). Das Gezeitenkraftwerk im Mündungstrichter der Rance nutzt den gewaltigen Tidenhub von mehr als 13 Metern. Der berühmteste Sohn der Stadt ist der Dichter und Diplomat François René Vicomte de Chateaubriand. Wer die vorgeschlagene Wanderung am 15. August macht, kann die Wallfahrt zu Notre-Dame-du-Verger miterleben.

Von der Pointe du Grouin leitet die rotweiße Markierung weiter auf dem Küstenpfad, nun in Richtung der Venusmuschel- und Austernfischerstadt Cancale. Sie verbirgt sich hinter Landzungen, die weit in die See hineinstoßen. Hinter der ersten Landzunge erreicht man die Badestrand- und Yachthafenbucht **Port-Mer**. Auf der Landzunge **Pointe du Catry** jenseits der Bucht nähert sich die Küstenwanderung dem Ende. Es ist eigenartig, an allen Nordküsten der Bretagne Felsen vorgefunden zu haben und nun auf die flache Wattenmeerküste der Bucht des Mont Saint-Michel zu blicken: Abrupt enden bei Cancale die Felsen. Wie es heißt, wurde das gesamte Land

während der großen Erdbeben-Sturmflut des Jahres 709 von der gewaltig tosenden See verschlungen.

Von der Pointe du Catry zieht die rot-weiße Markierung in die schmale Bade-, Campingplatz- und Bootsbucht **Port Pican** hinab. Hier verlassen wir den Küstenpfad, gehen die kleine Zufahrtsstraße hinauf, unterqueren mit der blauen Strich-Markierung eine Straßenbrücke und wenden uns kurz darauf im Dorf **Basse Cancale** links (kleiner Durchlaß zwischen Häusern). Die blaue Strich-Markierung zeigt bald nach rechts, durchzieht Felder und Wiesen und leitet zurück zum Ausgangspunkt, der schönen Sandstrandbucht **Plage du Verger**.

Auskunft: Office de Tourisme, Esplanade Saint-Vincent, 35400 Saint-Malo, Tel. (2) 99 56 64 48; Office de Tourisme, 44 Rue du Port, 35260 Cancale, Tel. (2) 99 89 63 72.

Karte: ign TOP 25, Blatt 1215 OT Le Mont Saint-Michel/Dol-de-Bretagne.

Die Vogelschutzinsel Ile des Landes und der Leuchtturm vor der Pointe du Grouin.

39 Auf den Mont Dol

Gut. 2 Std. Anstiege 200 Hm. 8 km.

Tourencharakter: *Aussichtsreiche Streckenwanderung durchs Binnenland auf meist bequemen Wegen..*
Beste Jahreszeit: *Ganzjährig.*

Dol-de-Bretagne – Mont Dol – Dol-de-Bretagne

In **Dol-de-Bretagne** aus der gotischen *Kathedrale Saint-Samson* (12./13. Jh.) tretend, wenden wir uns links, gehen an dem mächtigen Bauwerk entlang und am *Musée historique* vorbei und folgen der autofreien Rue Ceinte, einer Gasse mit Häusern aus dem 15. bis 17. Jahrhundert. Wenn sie auf die größere, ebenfalls von alten Häusern gesäumte Rue Le-Jamptel mündet, geht es links weiter zur Place Chateaubriand und dort links zu den Stadtmauern (Remparts) mit Blick zum Mont Dol.

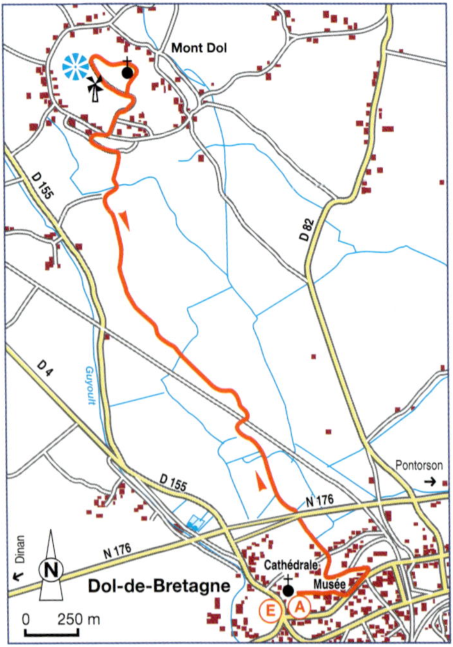

Wir folgen dem aussichtsreichen Spazierweg Promenade de Douves außerhalb der Stadtmauern links, halten am Ende geradeaus, steigen entsprechend der rot-weißen Markierung eine Treppe hinab und lassen uns von dieser Markierung in die Felder und Wiesen leiten. Der Krone eines ehemaligen Deichs folgt die Schnellstraße

N 176, die unsere Markierung unterquert, um dann zum **Mont Dol** weiterzuziehen.

Im winzigen Dorf im Hang des Mont Dol steht eine alte *Kirche*, deren Inneres Fresken aus dem 12./13. Jahrhundert schmücken. Steil leitet die rot-weiße Markierung an der Kirche vorbei und auf den plateauförmigen, weitläufigen Gipfel des Bergs, auf dem mehrhundertjährige Kastanien wachsen; eine von ihnen (die geborstene rechts) soll im 17. Jahrhundert gepflanzt worden sein. Auf dem höchsten Punkt des Bergs erhebt sich ein *Turm* mit der Monumentalstatue einer Schutzmantelmadonna (19. Jh.).

Auch ohne Turmbesteigung bietet sich von dem allseits in Felswänden abbrechenden Gipfelbereich eine phantastische Aussicht: Über die schachbrettmusterartig mit Wallhecken und Pappelreihen bepflanzten Polder des ehemaligen Marais von Dol schweift der Blick bis zum Mont Saint-Michel und begegnet im Nordosten den Kanalinseln, während sich im Nordwesten jenseits der Fischerstadt Cancale die Steilküste der dort beginnenden Côte d'Emeraude zeigt.

In gallorömischer Zeit soll sich auf dem Gipfel des Mont Dol ein Diana-Tempel befunden haben, und zwar dort, wo sich die Wallfahrtskapelle von *Notre-Dame-de-l'Espérance* (Unsere liebe Frau der Hoffnung) erhebt. Auch ein Mithras-Tempel soll hier gestanden haben, ehe im 7. Jahrhundert die Christianisierung begann und der Erzengel Michael den Teufel vertrieb. Der Felsblock neben der Kapelle zeigt – wie kundige Informationstafeln verraten – die Krallen des Teufels, und der lotrecht abstürzende Felsen hinter diesem Felsblock war der Thron des Teufels. Michael stürzte den Teufel vom Berg, doch der tauchte plötzlich auf dem Mont Saint-Michel auf, und so mußte

KURZINFO:

Ausgangsort: Dinan (Côtes d'Armor).

Anfahrt/Ausgangspunkt: Ausgangspunkt ist der Parkplatz vor der Kathedrale Saint-Samson in Dol-de-Bretagne nordöstlich von Dinan. Dol ist am raschesten zu erreichen auf der autobahnähnlich ausgebauten N 176 Dinan – Dol – Pontorson.

Einkehr unterwegs: In Dol-de-Bretagne, im Weiler Mont Dol und auf dem Gipfel des Mont Dol.

Sehens- und Wissenswertes: Die von einer mächtigen Burg überragte Stadt Dinan an der Rance hat eine sehenswerte malerische Altstadt.

Auskunft: Office de Tourisme, 6 Rue de l'Horloge, 22100 Dinan, Tel. (2) 96 39 75 40; Office de Tourisme, Hôtel de Ville, 35120 Dol-de-Bretagne, Tel. (2) 99 48 15 37.

Karte: ign TOP 25, Blatt 1215 OT Le Mont Saint-Michel/Dol-de-Bretagne.

Da die Wanderpfade der Bretagne passagenweise von Ginsterbüschen und Gestrüpp überwuchert sind, empfehlen sich generell feste Stiefel und lange Hosen.

der Erzengel einen gewaltigen Sprung tun, um den Teufel auch von dort zu vertreiben. Der Fußabdruck, den der Engel hinterließ, als er sich vom Felsen abstieß, ist ebenfalls zu sehen.

Der Gipfelbereich des Mont Dol ist ein sehr schöner Ort für eine ausgiebige Rast. Wer einkehren will, findet ein Restaurant am anderen Ende des Plateaus bei der kleinen Windmühle. Nach der Rast geht es auf demselben Weg nach **Dol-de-Bretagne** zurück.

Mont Saint-Michel — Wunder des Abendlandes

Gut 4 Std. | Anstiege unter 100 Hm. | insgesamt 17 km.

Tourencharakter: *Kombinierte Deich- und Wattwanderung.*
Beste Jahreszeit: *Ganzjährig. Die Wattwanderung ist ausschließlich in der Zeit 2,5 Stunden vor bis 1 Stunde nach Niedrigwasser möglich.*
Weglänge: *11 km auf dem festen Land und 6 km im Watt.*

Le Rivage – Mont Saint-Michel – Rocher de Tombelaine – Le Rivage

Der Ausgangspunkt-Parkplatz **Le Rivage** bietet einen malerischen Blick über die Salzwiesen hinweg zum Mont Saint-Michel. Vom Parkplatz geht es wenige Meter neben der kleinen Straße ostwärts, bis schräg links ein mit Gras bewachsener Deich abzweigt. Wir öffnen ein Holzgatter, treten auf den Deich, schließen das Gatter (damit die Schafe von den Salzwiesen nicht auf die Straße laufen) und wandern auf dem mit festen Steineinlassungen markierten Küstenpfad seewärts. Die Luft ist erfüllt vom Blöken der Lämmer und vom Schreien der Seevögel, während uns links das Bild des aus der See aufragenden Mont begleitet und rechts dahinter in der Ferne das Ziel der Wattwanderung zu sehen ist: die schwarze Felsinsel La Tombelaine.

Sobald die rot-weiße Weitwanderwegmarkierung quert, folgen wir ihr links Richtung Mont Saint-Michel. Bei Ebbe und auch schon bei ablaufender Flut verlassen viele Wanderer den Weitwanderweg, um durchs Watt zum Mont zu gelangen. Das ist die schönste Art und Weise, sich dem Berg zu nähern, doch darf aus Sicherheitsgründen – mit der See ist nicht zu spaßen! – kein genauer Punkt angegeben werden. Bei Flut orientiert man sich an der rot-weißen Mar-

KURZINFO:

Ausgangsort: Fougères (Ille-et-Vilaine); siehe Tour 1, S. 35.

Anfahrt/Ausgangspunkt: Ausgangspunkt ist der Parkplatz Le Rivage ostsüdöstlich des Mont Saint-Michel bzw. nordnordwestlich von Fougères. Der Parkplatz liegt an der kleinen Départementstraße zwischen Mont Saint-Michel und Pontaubault. Er ist von Fougères aus zu erreichen auf der via Saint-James Richtung Avranches führenden Départementstraße.

Einkehr unterwegs: Auf dem Mont Saint-Michel.

Auskunft: Office de Tourisme, Corps-de-Garde-des-Bourgeois, 50116 Le Mont Saint-Michel, Tel. (2) 33 60 14 30.

Karten: ign TOP 25, Blatt 1215 OT Le Mont Saint-Michel/Dol-de-Bretagne und ign Série bleue Blatt 1215 est.

kierung bis zum Damm, der das Festland seit den 1870er Jahren mit dem Berg verbindet. Neben dem Fahrdamm leitet die Markierung dann weiter zum Mont Saint-Michel.

Der Eingang ist links (es wird kein Eintrittsgeld erhoben; links innerhalb des Eingangs befindet sich das Office de Tourisme). Der Aufstieg erfolgt auf der von Häusern aus dem 15./16. Jahrhundert flankierten Grande-Rue rechts herum. Erste Station ist die *Eglise paroissiale Saint-Pierre* (im Ursprung

11. Jh.); in ihr steht die berühmte versilberte Statue des Erzengels Michael, der die Erdschlange überwindet und sie mit seinem Speer in Schach hält. Einen vorzüglichen Ausblick gewährt der bald darauf erreichte *Nordturm*; wer eine Münze ins Turminnere wirft, darf einen Wunsch tun.

Stufen leiten weiter aufwärts zur Krone des Mont Saint-Michel. Hier stehen die *Abteikirche* (église abbatiale, 11./12. Jh., Schiff romanisch, Chor gotisch) und die *La Merveille* (»das Wunder«) genannten Klostergebäude aus der Zeit der Gotik. Die *Krypten*, darunter die Krypta der Schwarzen Madonna Notre-Dame-sous-Terre (Unsere liebe Frau unter der Erde) und die Krypta von Notre-Dame-des-Trente-Cierges (Unsere liebe Frau der 30 Kerzen), können nicht individuell, sondern nur im Rahmen einer Führung besichtigt wer-

Zwischen Himmel, Wasser und Erde – der Mont Saint-Michel in einer Neumondnacht.

Reetgedeckte Auberge im einstigen Torfschifferhafen Bréca.

den. Empfehlenswert ist es, auch durch den gotischen *Kreuzgang* (cloître) zu wandern; dahinter liegen die *Klostergärten*.

Nach dieser Kurzvisite auf dem Mont Saint-Michel verlassen wir den Berg, wenden uns links und treten die Wattwanderung an. Schon nach wenigen Dutzend Metern verebbt der Lärm der Motoren, natürliche Stille kehrt ein, nach und nach verschwinden die Autos und Großparkplätze. Einzig die Nordfront des Bergs ist noch in Sicht, nichts, was an die lärmende Welt des »Fortschritts« erinnert, stört dieses wunderbare Bild. Im Watt lagern viele stundenlang, um das »Wunder des Abendlandes« zu betrachten; die wenigsten gehen ganz hinüber bis zur Felsinsel **La Tombelaine**, die heute nur noch von Vögeln bevölkert ist. Stellen, die beim Betreten nachgeben, signalisieren Treibsandbänke; sie sind zu meiden.

Der Rückweg zum Parkplatz **Le Rivage** erfolgt wieder auf dem gleichen Weg.

Anhang

Anforderungen/Saison

Die Wandersaison in der Bretagne unterscheidet sich nicht von der in unseren Mittelgebirgen: Frühjahr und Herbst – im Küstenbereich auch der Winter – sind die schönsten Wanderzeiten. In der Hitze des Sommers hingegen ist eher das genußvolle Herumtoben in den Wellen angesagt.

Die Wanderungen in der Bretagne folgen fast ausnahmslos gut ausgeschilderten und markierten Pfaden, Steigen und Wegen. Die An- und Abstiege sind so gering, daß sie prinzipiell als vernachlässigbar angesehen werden können.

Die Kilometerangaben sind ein Hinweis auf die Kondition, die mitgebracht werden muß, damit das Wandern Spaß macht. Die Stundenangabe ist nur ein vager Anhaltspunkt: Luftfeuchtigkeit, Temperatur, Beschaffenheit des Geländes je nach Jahreszeit, Witterung und Wetter (Trockenheit, Schnee, Glätte, aufgeweichter Boden), die persönliche Verfassung, die Rücksichtnahme auf eventuell schwächere Partner und viele andere Faktoren bestimmen die tatsächliche Gehzeit.

Bei den Wanderungen an den felsigen Steilküsten ist *Trittsicherheit* erforderlich, da es – glücklicherweise – generell keine Geländer und andere naturverschandelnde Sicherungen gibt. Einige Felspassagen können als schwindelerregend empfunden werden und/oder Ungeschickte und Leichtsinnige in Absturzgefahr bringen. Objektiv bietet keine dieser Passagen größere Schwierigkeit als ein »normaler« Pfad: weder Klettern noch Kraxeln ist erforderlich, aber – wie immer – umsichtiges Gehen, und dies nicht nur bei Nässe.

Da die Überzivilisation der Städte immer mehr Menschen in die Natur drängt, häufen sich Unfälle, und der Ruf nach einem Schutz der Unvorsichtigen vor der ach so tückischen Natur wird auch in der Bretagne lauter. Die Sicherungen, die am Cap de la Chèvre gebaut wurden, liefern einen Vorgeschmack auf das, was uns erwartet, wenn der Sicherheitswahnsinn Wirklichkeit wird: Der Steilküstenpfad am Kap wurde an der Abbruchkante mit Stacheldrahtrollen »gesichert«, damit Stöckel- und Turnbeschuhte nicht ins Meer stürzen. In letzter Konsequenz würde dieses unverhältnismäßige Sicherheitsbestreben dazu führen, die ganze Küste mit Stacheldraht zu garnieren: Wie aus einem Gefängnis heraus dürfen wir dann über Stacheldrahtrollen hinweg einen Blick auf die

See wagen – und nie mehr werden Unvorsichtige in Gefahr kommen können.

Wer diesen Wanderführer benutzt, soll nicht sagen dürfen, dieser Führer habe das verschwiegen: Die Steilküstenpfade erfordern Trittsicherheit und – wie generell bei Wanderungen in Felsgelände – Berg- oder Trekkingstiefel mit rutschfesten Profilsohlen.

Auskunft

Am Schluß jeder Wanderung sind unter »Nützliche Informationen« die Anschriften der Fremdenverkehrsämter angegeben. Diese schicken Informationsmaterial zu und sind bei der Unterkunftsuche behilflich. In Deutschland ist Info-Material erhältlich beim Frankreich-Service unter der Rufnummer 0190–570025.

Weitere Kontaktadressen:
Französisches Fremdenverkehrsamt
Kaiserstraße 12
D-60311 Frankfurt am Main
Tel. (0 69) 7 56 08 30

France touristique
Argentiniastraße 41
A-1040 Wien
Tel. (0 04 31) 5 03 28 90

Französisches Fremdenverkehrsamt
Bahnhofstraße 16
CH-8022 Zürich
Tel. (0 04 11) 2 11 30 85

Ausrüstung

In den schneefreien Monaten reicht eine Ausrüstung mit folgenden Grundelementen:

Leichte Berg-/Trekkingstiefel
Tagesrucksack
Sonnenschutz
Kälteschutz
Windschutz
Regenschutz
Mückenschutz
Karte
Badebekleidung
Stirnlampe

Die Stirnlampe hat sich als unverzichtbar im Inneren vieler Dolmen und anderer Megalithanlagen erwiesen.

Auf Wanderungen ist es zwar am praktischsten, ohne lästige Badekostüme ins Meer zu springen, aber das ist in der Bretagne nicht üblich und wird deshalb auch als anstößig empfunden. Da wir in der Bretagne Gäste sind und als solche die Kultur des Gastlandes respektieren müssen, wenn wir nicht im negativen Sinne als »Ausländer« bezeichnet werden wollen, darf im Wandergepäck die Badebekleidung nicht fehlen.

Da es in der Bretagne viele Fels- und Wurzelpfade gibt, sind generell feste Stiefel mit griffigen Sohlen und die Knöchel umschließenden Schäften zu empfehlen – Voraussetzung für ermüdungsfreies Gehen, für Rutschfestigkeit im trockenen Fels, für Sicherheit in sumpfigem Gelände oder auf matschigen Wegen, für Angstfreiheit vor dem Umknicken des Fußes, kurzum für genußvolles Wandern.

Baden

Die Badeverbote, auf die an vielen Küstenabschnitten Schilder hinweisen, sind unbedingt zu beachten. Grundsee und andere Strömungen haben hier schon zahlreiche Menschenleben gefordert. So idyllisch viele dieser Badeverbotsküsten aussehen: Sie sind lebensgefährlich.

Baden Sie aus diesem Grund nur an den Stränden, die als offizielle Badeplätze ausgewiesen sind (es gibt genug davon). Bei den Hunderten von ein-

samen, malerischen Buchten, die an Badeverbotsküsten liegen, muß man sich aufs Sonnenbaden beschränken. Mit der See ist nicht zu spaßen!

Fahrradwandern

Die Bretagne mit ihren zahlreichen Feld- und Forstwegen ist auch ein beliebtes Fahrradwandergebiet. An vielen Bahnhöfen der Eisenbahngesellschaft S.N.C.F. können Normalräder, Tourenräder und Mountainbikes geliehen werden, und in fast jedem größeren Ort gibt es einen Fahrradverleih. Auch in verschiedenen Zügen werden Fahrräder transportiert (man beachte dazu die Anschläge in den Bahnhöfen), so daß sich reizvolle Tourenmöglichkeiten für Streckenwanderungen ergeben.

Daß das Fahrradwandern in der Bretagne beliebt ist, bedeutet nicht, daß es auch großen Spaß bereitet: Der Wind an der Küste macht Radtouren oft zu einer ganz schön zähen Angelegenheit. Zu Fuß ist man da weitaus besser dran.

Führer

Als gute Ergänzungen zu diesem Wanderführer seien folgende beiden Bücher genannt:

Der *»grüne« Michelin Bretagne* ist der (unverzichtbare) autotouristische Grundlagenführer für Reisen durch die Bretagne. Er ist nicht teuer, ist in französischer und deutscher Sprache erhältlich und enthält außer detaillierten touristischen Informationen auch einen ordentlichen Veranstaltungskalender.

Der *»schwarze« Guide de la Bretagne* von Gwenc'hlan Le Scouezec ist ein detailreicher Grundlagenführer für Kirchen, Klöster, Megalithdenkmäler und andere Stätten der »geheimnisvollen« Bretagne. Er ist nur in französischer Sprache erhältlich. ISBN 2–905939–12–5.

Darüber hinaus gibt es eine Fülle x-beliebiger Bretagne-Führer, die jedoch in bezug auf unsere Wanderungen nichts bringen. Interessant hingegen ist der im Verlag DuMont erschienene Führer *»Richtig Wandern – Bretagne«* von Karin Lucke.

Gefahren

Gesunder Menschenverstand, Kondition und Ausrüstung vorausgesetzt, ist das Wandern in der Bretagne nahezu gefahrlos. Vor jeder längeren Hochtour sollte der Wetterbericht gehört werden. Schon beim entfernten Herannahen eines Gewitters sind Klippen und Aussichtstürme, aber auch Badeteiche und Ufer von Seen sofort zu verlassen, auch Wattwanderungen sind bei aufziehenden Gewittern sowie Nebelbänken sofort abzubrechen.

Eine Gefahrenquelle wird leicht unterschätzt: Bei Nässe nutzen auf bemoostem Blockwerk oder auf Wurzeln auch die besten Stiefelsohlen nichts.

Karten

Für Wanderungen uneingeschränkt zu empfehlen sind ausschließlich die vom *Institut Géographique National (ign)* herausgegebenen Wanderkarten *»top 25«* im Maßstab 1:25 000. In Gebieten, für die noch keine »top 25« erschienen ist, haben sich die topographischen Karten der *»série bleue«* (1:25 000) als brauchbar erwiesen. Die Karten beider Serien sind in der Bretagne in Buchhandlungen, in großen Supermärkten, in Tabakläden usw. erhältlich.

Bei jeder Wanderung dieses Führers sind die benötigten Karten mit genauer Bezeichnung angegeben, und so läßt sich jede Karte über (fast) jede Buchhandlung bestellen. Wer die Karten in Deutschland bestellt, muß etwa 14 Tage darauf warten und bezahlt ein wenig mehr, aber man kann dafür schon vor Antritt der Reise in den Karten stöbern.

Es gibt seit neuestem keine ign-Karten im Maßstab 1:50 000 mehr. Die vom ign statt dessen für einige Gebiete herausgegebenen touristischen »Cartes Spéciales« im Maßstab 1:50 000 genügen nicht den Anforderungen, die eine Wanderkarte erfüllen muß.

Die aus der Autoperspektive wohl beste Übersichtskarte ist die *gelbe Michelin-Karte »Bretagne«* im Maßstab 1:200 000.

Die Kartenskizzen des vorliegenden Wanderführers ermöglichen eine problemlose Orientierung und sind Bestandteil jeder Routenbeschreibung. Bei einigen Küstenwanderungen ist die Null-Linie (0 m über NN) eingezeichnet: Sind die Küstenabschnitte flach, so steht das Gebiet oberhalb der Null-Linie bei Flut unter Wasser.

Literatur

Der Welterfolg »Salz auf unserer Haut« von Benoîte Groult ist sicherlich der zeitgenössische Toptitel der belletristischen Vorbereitung auf eine Bretagnefahrt. Der auch verfilmte Roman schildert die heftige erotische Beziehung zwischen einer Intellektuellen aus Paris und einem potenten bretonischen Fischer.

Heftig geht es auch bei »Asterix und Obelix« zu: Listenreich machen die beiden Gallier in einem bretonischen Dorf der römischen Besatzungsmacht das Leben schwer.

Literarisch aufs engste verknüpft mit der Bretagne ist der Name des Dichters und Diplomaten Chateaubriand. Allerdings spielen seine romanti-

schen Welterfolge »Atala« und »René« nicht in der Bretagne, sondern im Land der Indianer.

Jules Verne wurde in Nantes geboren, aber alle bretonischen Dichter aufzuzählen, würde in einem Wanderbuch wohl doch ein wenig zu weit führen. Im folgenden eine kleine Liste von Werken, deren Thema im engeren oder weiteren Sinn die »Matière de Bretagne« ist:

Chrétien de Troyes: Yvain. Urtext, deutsche Übersetzung von Ilse Nolting-Hauff. Eidos Verlag, München 1962.

Hartmann von Aue: Iwein. Urtext, deutsche Übersetzung von Thomas Cramer. Verlag Walter de Gruyter, 3. Auflage Berlin/New York 1981.

Malory, Thomas: König Artus. Die Geschichten von König Artus und den Rittern seiner Tafelrunde. 3 Bände. Insel Verlag (insel taschenbuch 239), Frankfurt am Main 1973.

Marie de France: Die Lais. Urtext, Übersetzung von Dietmar Rieger. Wilhelm Fink Verlag, München 1980. (Eine Übersetzung ist auch in der Manesse Bibliothek erschienen.)

Markale, Jean: Die keltische Frau. Mythos, Geschichte, soziale Stellung. Goldmann Verlag, 2. Auflage München 1991.

Niel, Fernand: Auf den Spuren der großen Steine. Stonehenge, Carnac und die Megalithen. List Verlag, München 1977.

Reden, Sibylle von: Die Megalith-Kulturen. Zeugnisse einer verschollenen Urreligion. DuMont Buchverlag, 6. Auflage Köln 1989.

Télécom

Nahezu alle Telefonzellen in der Bretagne, auch auf der Belle-Ile, sind nur mit der Télécarte benutzbar (es gibt aber auch noch Telefonzellen, in die Münzen eingeworfen werden müssen). Die Télécarte ist unter anderem an Kiosks und in Tabakläden erhältlich.

Übernachtung

Gastgeberverzeichnisse sind über die Französischen Fremdenverkehrsämter erhältlich. Wer sich öfter in Frankreich aufhält, wird sich wohl irgendwann den *»roten« Michelin* zulegen, der jedes Jahr aktualisiert und neu aufgelegt wird: Er enthält nicht nur Stadtpläne (wie der »grüne« Michelin), sondern auch alle Anschriften und Rufnummern der Fremdenverkehrsämter sowie die Anschriften, Telefonnummern und Preise von Hotels und Restaurants einschließlich Kategorisierung.